日本語教育叢書「つくる」

教科書を作る

関正昭・平高史也　編著

© 2015 by SEKI Masaaki and HIRATAKA Fumiya

All rights reserved. No part of this publication may be reproduced, stored in a retrieval system or transmitted in any form or by any means, electronic, mechanical, photocopying, recording, or otherwise, without the prior written permission of the Publisher.

Published by 3A Corporation.
Trusty Kojimachi Bldg., 2F, 4, Kojimachi 3-Chome, Chiyoda-ku, Tokyo 102-0083, Japan

ISBN978-4-88319-723-1 C0081

First published 2015
Printed in Japan

編者あいさつ

　キリスト教の宣教師たちが日本へやってきて、自らの日本語学習のための教材（辞書、文法書）を作ったのは、今から 400 年以上前のことです。以来、今日まで数えきれないほどのさまざまな教科書や教材が作られてきました。その中には日本国内外の数多くの学習者に使われ、歴史に残る教科書になったものもあれば、一時的に話題を呼んだものの、瞬く間に忘れ去られた教材もあります。

　日本から遠く離れた外国で現地の学習者を対象に作られ、そこの学校や図書館などに埋もれたままになっているものもあることでしょう。

　これまでに作られた教科書・教材の多くは印刷物として（近代以降はレコード、音声テープ、ビデオテープ、CD、DVD などで）残されてきていますが、それらの教科書・教材が「いつ、誰によって、どこで、どのように」作られたかを調べることは容易ではありません。また、教科書・教材制作のプロセスを克明に記録したものが公刊された例を、編者は寡聞にして知りません。しかし、もしそのような例があれば、私たちは教科書の編著者の意図をより精確にくみ取って授業に生かすことができるはずです。そればかりではなく、教科書・教材の作成プロセスを知ることは、新たな教材開発のプロジェクトにも役に立つに違いありません。

　このシリーズは、自分たちの手で教科書や教材を作ろうと考えている方々に、教科書・教材作りのプロセスとノウハウ、留意すべきことなどを紹介し、役立てていただこうと考え、編まれたものです。各巻の編著者はいずれも何らかの形で教科書・教材の開発にかかわった経験のある人ばかりです。具体的な作成のプロセスばかりでなく、言語教育を支えるさまざまな科学の研究成果のうちどのような知見が盛り込まれ、現場での経験や苦労がどのように教材作りに反映しているかなども知ることができます。また、完成後に実際に使ってみた成果（失敗談も含めて）なども含まれていますから、読者のニーズにおこたえするという点では、単なるメーキング本以上に興味深く読んでいただけるのではないかと思います。

　そして、それが「教科書・教材制作のプロセスの記録」を後世に残すことにもなるでしょう。「後世に残す」ということは、単に歴史的な意味がある

だけではなく、現代や未来にもつながっていきます。教科書制作のプロセスが明らかになっていれば、それについて各現場の実情に応じてさまざまな角度から議論することもできます。そこからまた新たな教材論が展開されたり、新しい教科書のアイデアやコンセプトが生まれてくることでしょう。

　この叢書（シリーズ）のタイトルは「つくる」、書名は「〜を作る」となっています。「つくる」にはこの語のもつさまざまな意味を、「作る」には具体的な「教材制作・作成」の意味を込めています。すべての巻に以上のような趣旨が込められていますので、日本語教育の現場だけでなく、将来日本語教育への道を志している人たちにも、テキストや参考書として広くご活用いただけるものと思います。

編者　関正昭
平高史也

まえがき

　「教科書を教える」ではなく「教科書で教える」でなければならないとはつとに言われていることです。この箴言には「完璧な教科書はないから、足りない部分はそれを使う教師が補いながら教えることが必要だ」という意が込められています。まさにそのとおりで、教師はこのことをしっかりと心得ておかなければなりません。しかし、足りないところを補い、不要な部分を削るといった作業にはそれなりの時間と労力を要します。ならば、この際いっそのこと、学習者の背景やニーズにピタリと合った教科書を自分たちの手で作ってみようとお考えの方も少なくないのではないかと思います。

　本書は、上記のように教科書作りにご関心をお持ちの方のために、教科書を作るときの全プロセスを、「作る前」にしなければならないことから「作る」ときの手順、完成するまでの失敗談、苦労話に至るまで織り込んで、「教科書作りのノウハウ」を紹介・解説することにしました。そして、全編に述べられたことがそのまま「教科書作成の記録」として後世に残る（残ってほしい）ことも希いながら執筆しました。

　学習者が多様化すれば多種多様な教材が開発されます。事実、現今の日本語教育界では、さまざまな教材が毎月のように開発・出版されています。いや、過去にもありました。たとえば、1930 年代半ばあたりから 1945 年に日本が敗戦を迎える直前の頃までは、旧「満州」で実に多様な教科書が次々に編纂刊行されました[1]。学習者の背景やニーズが多様化すればそれに対応して多様な教材が開発されるのは古今東西を問わず一般的に見られる現象です。ただ、ここでしっかりと認識しておかなければならないことは、そのときどきの社会情勢、経済情勢、国際情勢などによって生じる学習者の多様性は刻一刻と変化するということです。したがって、そうした変化に対応するためにも、日本語教師には、さまざまな学習者に対応したより適切な教材作りの能力（理論・技術）が求められます。

　今日まで、「教科書解題」の類や、既刊の教科書・既製の教材をどう使うか、それを使っていかに効果的に教えるかといった視点からの解説本はいくつか刊行されています[2]。メインテキストの他に、学習目的・学習者のレベルに適合した補助教材をいかに作るべきかを説いた参考書も刊行されています[3]。

また、海外の日本語学習者に対して海外で日本語を教えている日本語教師（日本語を母語としない教師）向けに、「日本語素材集」という形で編纂されたものもあります[4]。

しかし、本書は上記のような既刊の参考書等と違って、ケーススタディー的に、体験談や問題が生じたときの解決法、教材作りの隠された技法のようなものまでを盛り込んで「教科書作りのノウハウ」を提供することに心がけました[5]。

なお、本書は、「第1章 作る前に」、「第2章 作る」、「第3章 作った後で」の3章に分かれています。大学学部や大学院の日本語教員養成課程等における演習用テキストとしてお使いいただく場合には第1章から順序よく読み進めたほうが効果的ですが、明日からの教科書教材作りに役立てたい、何らかのヒントを得たいという方にはどの章から入っていただいてもかまいません。

本書が今日、明日の日本語教育の現場や大学等の日本語教員養成課程におけるテキスト・参考書としてご活用いただけることを願っています。

（注1）関（1997：157-169）および本書 p.35，p.49 を参照してください。
（注2）国際交流基金（1976）、国際交流基金編（1983）、河原崎・吉川・吉岡共編著（1992）など。
（注3）岡崎（1989）など。
（注4）『教科書を作ろう―中等教育向け　初級日本語素材集―せつめい編（改訂版）』（2002）
　　　『教科書を作ろう―中等教育向け　初級日本語素材集―れんしゅう編1（改訂版）』（2002）
　　　（いずれも国際交流基金日本語国際センター企画・編集・発行）
（注5）本シリーズを企画したのは2005年5月のことでしたが、第1巻『会話教材を作る』の刊行はそれから5年後の2010年5月を待たなければなりませんでした。この間に、国際交流基金（2008）が本シリーズと同じような趣意で編集刊行されています。

目次

編者あいさつ　iii
まえがき　v

第1章　作る前に

はじめに　3
第1節　教科書とは、教材開発とは　5
第2節　言語教育や言語学習における教材開発の位置づけ　11
第3節　教材開発のプロセス　14
第4節　教科書開発のこれまで、および現状　19

1. 日本語教科書の系譜　19
2. 1世紀余り前の日本語教科書編纂プロセスの一例　25
   - ▶1　佐村八郎、菊池金正による「日本語教科書草稿に対する愚見」
     （全二巻に通じることに就いての愚見 10 項目）とそれへの書き込み　27
   - ▶2　提出語彙の選定に関する議論　28
   - ▶3　漢語か和語か、文語か口語か　29
   - ▶4　時代状況に合わせて改訂　31
3. 教科書開発の現状　32
   - ▶1　教科書の役割　32
   - ▶2　教科書のタイプ　33
     - ①どのような学習者を対象にしているか　34
     - ②初級、中級、上級等どのレベルを想定しているか　39
     - ③「聞く」「話す」「読む」「書く」の4技能のどれを重視しているか　42
     - ④構造シラバス、場面シラバス、機能シラバス、話題シラバス等のうちどのシラバスを採用しているか　44
     - ⑤どのような教授法に依拠しているか　47
     - ⑥対訳付きか、対訳なしか　49
     - ⑦その他　51

第2章　作る

第1節　『日本語中級 J301 ―基礎から中級へ―』の編纂プロセス　58
第2節　教科書編纂の体験から学ぶ　73
　1.　編集会議は理論よりも感性で対立する　74
　2.　おもしろさは人によって千差万別である　75
　3.　教科書は妥協の産物か　77
　4.　試行版の作成とモニタリングは不可欠　78
　5.　標準日本語とは　79
　6.　生ものは賞味期限が早い　81
　7.　余白の効果　84
　8.　マネージメント・サイクル管理システムの教科書作りへの援用　85
第3節　母語話者、非母話者による教科書開発　90

第3章　作った後で

第1節　教科書開発の評価　98
　1.　教科書の評価　98
　2.　教科書開発のプロセスにおける評価　99
第2節　教科書は編者を離れて一人歩きを始める　107
　1.　『日本語中級 J501 ―中級から上級へ―』の概要　107
　2.　編者を離れた教科書　108
第3節　教科書のこれから　111
　1.　近年の教育で注目される「新しい能力」と教科書開発　111
　2.　CLIL（Content and Language Integrated Learning）　114
　3.　デジタル教材　115
　4.　反転授業における教科書の役割　117
　5.　社会的な存在としての人間を育てる役割を果たす教科書の開発　118

あとがき　123

参考資料1　126
参考資料2　139
参考資料3　152
参考資料4　160
参考文献　173
参考教材　177
索引　179

****

執筆分担
　第1章　はじめに・第1節〜第3節、第2章　第3節、第3章　第1節・第3節、あとがき
　平高史也

　まえがき、第1章　第4節、第2章　第1節・第2節、第3章　第2節、あとがき
　関正昭

第 1 章
作る前に

はじめに

　教材や教科書に関する研究は、「教材研究」や「教科書分析」などと称して以前から行われてきました。大学や日本語学校の日本語教授法の授業などで、いくつかの観点（レベル、語彙数、学習時間など）を立てて教科書を分析するというような話を聞いたことがある方は多いのではないでしょうか。その成果は『教科書ガイド』という名のもとにまとめられ、これまでにも何冊か刊行されています（国際交流基金編（1983）、河原崎・吉川・吉岡共編著（1992）、吉岡編著（2008）など）。しかし、これらはあくまでも教科書の分析と、選択の際の判断のためにデータを提供するのが主たる目的でした。

　一方、教材開発は日本語教育の分野では古くから教育の実践の場で行われてきました。しかし、教材の設計や開発の手順などを扱い、教材開発を研究の対象としてとらえようとしたのは、最近になってからのことです。日本語教育の分野では、国際交流基金（2008）がおそらく最初の成果ではないかと思われます。

　こうした傾向は英語をはじめとする外国語教育でも見られるようで、現場での教材作成だけではなく、設計や試用、評価、分析などを含む研究としてとらえるようになったのは1990年代の半ばからだといいます（Tomlinson 2012）。その研究も当初は教材の選択に焦点が集まっており、教師や開発者に評価や選択の基準を示すデータを提供しようというものが主流でした。近年ようやく研究の関心が理論と実践の関係に移ってきてはいますが、嶋田（2008：28）も述べているように、「教材開発のプロセスに関する研究が日本国内では少な」く、「教材自体の分析、教材使用の実践報告などに比べてまだ数が少ない」のが現状です。研究対象としての教材開発はまだ比較的新しい分野であり、蓄積も十分にあるわけではありません。

　本章では、「第1節 教科書とは、教材開発とは」、「第2節 言語教育や言語学習における教材開発の位置づけ」、「第3節 教材開発のプロセス」、「第4節 教科書開発のこれまで、および現状」の順に述べていきます。まず、第1節で教材開発のポイントについて概観します。つづいて、第2節では言語教育や言語学習のプロセスの中で教材開発がどのような位置に置かれるか

について考えます。いわば教材開発を取り巻く外のプロセスと教材開発との関係についての問題です。逆に、第3節は教材開発内部のさまざまな工程やステップを対象としますので、こちらでは教材開発内部のプロセスに焦点を当てます。そして、第4節では、まず日本語教科書の系譜を掲げ、今から100年ほど前の日本語教科書の編纂プロセスを見たあと、教科書開発の現状について述べます。

第1節　教科書とは、教材開発とは

　教科書の作成について考える前に、まずそもそも「教科書」とは何かについて確認しておきましょう。『新版日本語教育事典』（日本語教育学会編2005：899r）は「教科書」を次のように説明しています。

> ある教育・学習目的のためにデザインされたカリキュラムに従って教育・学習内容を編成し、学習項目ないしシラバスを一定順序に配列し、印刷物などにまとめたもの

　「教科書」よりも意味の広い概念に「教材」があります。「教材」は必ずしも「印刷物などにまとめたもの」ばかりではなく、媒体もさまざまですから、新聞記事一つでも、映画でも教材になることがあります。
　その「教材開発」をTomlinson（2012：143-144）は次のように規定しています（以下、特記がない場合は平高訳）。

> 言語学習のための教材を作ったり、使ったりする実践家が関わるプロセス全体。教材の評価、調整、デザイン、産出、開発、研究を含む。これらを含むプロセスがすべて考慮され、言語教材作成のなかで相互に関わり合うのが理想である。

　このように、教材開発とはさまざまな工程を含むプロセス全体を指します。このさまざまな工程については第3節で詳しく見ることにします。
　ここではその前に、Tomlinson（2011：8-23）が第2言語習得との関係で教材開発について述べている、教材はかくあるべしという16の項目について見ていきましょう。以下では、これら16の項目に関するTomlinsonの論の重要な部分をまじえて短く紹介します。

① 教材は学習者にインパクトを与えるべきものである。
　　学習者の好奇心、関心、注意を喚起するインパクトのある教材にするに

は、新規性、多様性、魅力的な提示法、心に訴える内容、思考を促すタスクなどが必要です。そのためには、対象となる学習者をよく知り、どうしたら関心を引くことができるかを考えなくてはなりません。
② 教材は学習者が簡単だと感じるように手助けをするべきものである。
教材は学習者の不安、不快感、緊張をできるだけ和らげ、易しいと感じさせるものです。それには、たとえば、課題をたくさん盛り込むより余白を入れたり、学習者自身の文化に関係のあるテキストやイラストを扱ったりするなどの工夫が考えられます。教科書編集者が学習者と同じ目線に立って直接語りかける、生の声が聞こえてくる教材にしたいものです。
③ 教材は学習者が自信を持てるように手助けをするべきものである。
しかし、ただ簡単にすればよいというわけではありません。むしろ、学習者の能力レベルよりやや上で、多少チャレンジングではあるが、挑戦できる内容の素材を通して自信をつけさせるのがよいでしょう。
④ 教えられる内容は、学習者が重要かつ有益だととらえるものでなくてはならない。
タスクやトピックの選択が学習者の希望やニーズと合致し、学習に意味があるということを理解させることが大切です。
⑤ 教材は学習者の自己投資を求め、それを促すべきものである。
学習者が自分で関心を持ち、努力し、注意を払って取り組むときに、学習は最大の効果をもたらします。そのためには、学習者に行動の選択を与え、話題を選ばせるなどして、学習者を中心に据える教材がよいでしょう。
⑥ 学習者は教授項目を習得する準備ができていなくてはならない。
第2言語習得の発達段階に関するクラッシェン（Krashen）やピーネマン（Pienemann）の研究で、教授項目はしかるべき段階に達している学習者に与えないと、効果が上がらないことが明らかになっています。教材は、学習者のレベルより少し上の項目を含んだインプットに調節し、新出項目を出す前に、学習者の既習項目の定着を確認したうえで、未習項目に注意を向けさせるものがよいでしょう。

⑦ 教材は、学習者が自然に使われている言語に触れる機会を与えるべきである。
教材はどのレベルでも学習者にオーセンティックな(生の)素材に触れさせるとよいでしょう。素材だけではなく、スタイル、プロセス、目的などもできる限り自然なものがよいと思います。

⑧ 学習者の注意はインプットの言語的特徴に向けられるべきである。
生のインプットの言語的特徴に学習者の注意が向き、自分の中間言語的な特徴との違いに気づくことが重要で、その気づきが習得につながります。母語話者の発話と学習者の発話を比較する機会を教材に入れておくのも一つの方法でしょう。

⑨ コミュニケーションの目的を達成するために、教材は学習者に目標言語を使う機会を与えるべきである。
学習者には教師がコントロールした練習ではなく、実際のコミュニケーションのために言語を使う機会を与えます。それは手続き的知識[1]の自動化や、ストラテジー的能力の発達に役立ちます。双方向の、意味の交渉があるやりとりは学びの芽をたくさん含んでいます。教材としては、異なる情報や意見の調整、テクスト中の情報を用いてコミュニケーションの目的を達成する読解や聴解後のタスク(批評を書く、どの候補者に投票するかを決めるなど)などが考えられます。

⑩ 指導の効果は遅れて現れるのが普通であることを、教材は考慮するべきである。
言語学習はゆっくり進むものです。習ったばかりの新出項目が同じ課ですぐに使えるようになるということはあまり期待できません。教材は重要項目(特に語彙)が繰り返し出てくるようなスパイラルのプロセスを考慮すべきでしょう。

⑪ 教材は学習者の学習スタイルが異なることを考慮するべきである。
学習者の学習スタイルは分析的・総合的、視覚的・聴覚的などさまざまです。教材作成者は、すべての学習者が同じアプローチから学べるわけではないと考えたほうがよいでしょう。

⑫ 教材は学習者の情緒的態度が異なることを考慮するべきである。
動機、感情、態度などは学習者によって異なります。教材開発者はこの

点を考慮して、教材にできる限りの多様性を持たせることが重要です。たとえば、タイプの異なるテクストや活動を盛り込む、文化の違いに気づかせる、当該の言語を学ぶ意義や学習してみて気づいたことなどについて議論するなどの工夫が必要です。

⑬ 教材はタスクや練習の指示を与えてからしばらく時間をとるべきである。

⑩で述べたように、学習後すぐに正しい発話はできませんし、それを強要してもいけません。場合によっては教室活動では新出項目は理解にとどめ、産出までは求めないなどの配慮も必要です。

⑭ 左脳と右脳の両方が活性化するように知的、美的、感情的な関わりを鼓舞することによって、教材は学習の可能性を最大限に高めるべきである。幅広い認知処理を求める多様なアクティビティは深く、継続的な学習を可能にします。そのためには、簡単すぎるのではなく、思考や感情の動きを喚起する教材がよいでしょう。

⑮ 教材はコントロールされた練習に頼りすぎてはいけない。

コントロールされた文法練習は多くの教材で好まれていますが、それだけでは新出項目を正確に産出できるようにはなりませんし、流暢に話せるようにもなりません。

⑯ 教材は学習者の産出へフィードバックの機会を提供するべきものである。

産出された発話が、正確さばかりではなく言語使用の目的を達成したかに関して評価されれば、その評価やフィードバックは強力な資源（リソース）になります。教材開発者にとって重要なのは、産出のアクティビティが単なる練習ではなく目的を持った成果を伴っていることなのです。

以上の16項目は簡単には分類できませんが、およそ次の4グループに分けることができると思います。

学習者の心理的、情緒的な側面の重視：①～③
学習態度や学習者の積極的な関与：④～⑥
学習中の言語のインプットとの接触：⑦～⑨
教授時やその前の段階で考慮すべきこと：⑩～⑯

ここで気がつくのは、最初に並べられているのが学習者に関する要素であるということです。「教」科書というと、「教」えることが主で「教」師が中心になって作り、使うものであると考えがちですが、実は（あるいは、最近の学習者中心主義の現われとも言えましょうが）、学習者が中心であり、学習者のためにあるのだということをもう一度確認しておきましょう。

　これを教材開発にあてはめると、教材作成者は学習者にインパクトを与えつつ、簡単だ（難しくない）と感じられ、自信を持てるような教材を作らなくてはならないということになります（①〜③）。インパクトを与えるというのは、別の言葉で言えば、学習者に気づきを与えるということにほかなりません。発音、文法、語彙や語法などの言語的要素に関する発見から、文章や会話の扱う内容や話題についての発見や再考まで、さまざまなインパクトや気づきがあるでしょう。そうしたインパクトや気づきのきっかけになる要素を教材に盛り込みたいものです。もちろん学習者の側にも、そのインパクトを受け入れ、気づくような学習に向けた相応の意欲や態度、レベルが求められます（④〜⑥）。教材が扱うインプットは自然なものであるのがよいでしょう。教材は学習者にできる限り自然なインプットを与え、また、それが普通に使われている状況や場面に学習者が接することができるような工夫が必要です（⑦〜⑨）。

　最後の⑩〜⑯の7項目は、教材開発でも考慮すべきポイントです。たとえば、インストラクションの効果が遅れて現れるのであれば、教科書のようにある程度まとまった時間使われることを前提としている教材では、学習項目を繰り返し扱うなどの配慮が必要でしょう。また、脳の活性化を促す教材には文字だけではなく、イラストや写真などを用いて感性に訴えるなどの工夫が求められます。さらに、教師のコントロールによる練習ばかりではなく、学習者が自発的に展開できるような練習も必要だということになります。

　以上の16項目の他にも教材開発と第2言語習得との関係、特に学習者に関わるさまざまな要因で考慮に入れておいたほうがよいと思われることがいくつかあります。

　まず、学習者の年齢です。言語学習には臨界期があり、ある年齢を過ぎると困難になると言われますが、成人は年少者よりもメタ言語的な気づきや分析能力、推測能力があり、それらを言語学習に活かすことができるとも言わ

れています[2]。また、成人にはすでに日本語を学習する前になんらかの外国語を学習した経験があり、日本語は第3言語以降の言語として学習するという人も少なくありません。そういう場合には別の外国語を学習した経験やそこで得た知識、ストラテジーなどを使うことができます。教科書開発にはこのような面も反映させたいものです。

　学習者の専門や職業も教科書を作る際の重要なファクターです。それはビジネスマン、技術研修生など職業や身分による特定の学習者集団向けの教科書を開発する場合だけではなく、想定される学生に理系の学生が多い場合には、読解の素材や例文に理系の内容を入れるなどの配慮も含みます。

　欧米の教科書論ではほとんど扱われません[3]が、日本語をはじめアルファベット以外の文字を使用する言語では文字習得が大きな問題になります。日本語の難しさが漢字圏・非漢字圏の出身によって異なるのはよく知られており、漢字の提出順や練習のしかたには工夫が必要です[4]。

　以上、第2言語習得と教材開発という側面から教材について考えてきました。

　つづいて、言語教育や言語学習のプロセスにおける教材開発の位置づけを理解しておきましょう。

第2節　言語教育や言語学習における教材開発の位置づけ

　言語教育や言語学習のプロセスの中で教材開発がどのような位置にあるのかを、図1を見ながら考えてみましょう。

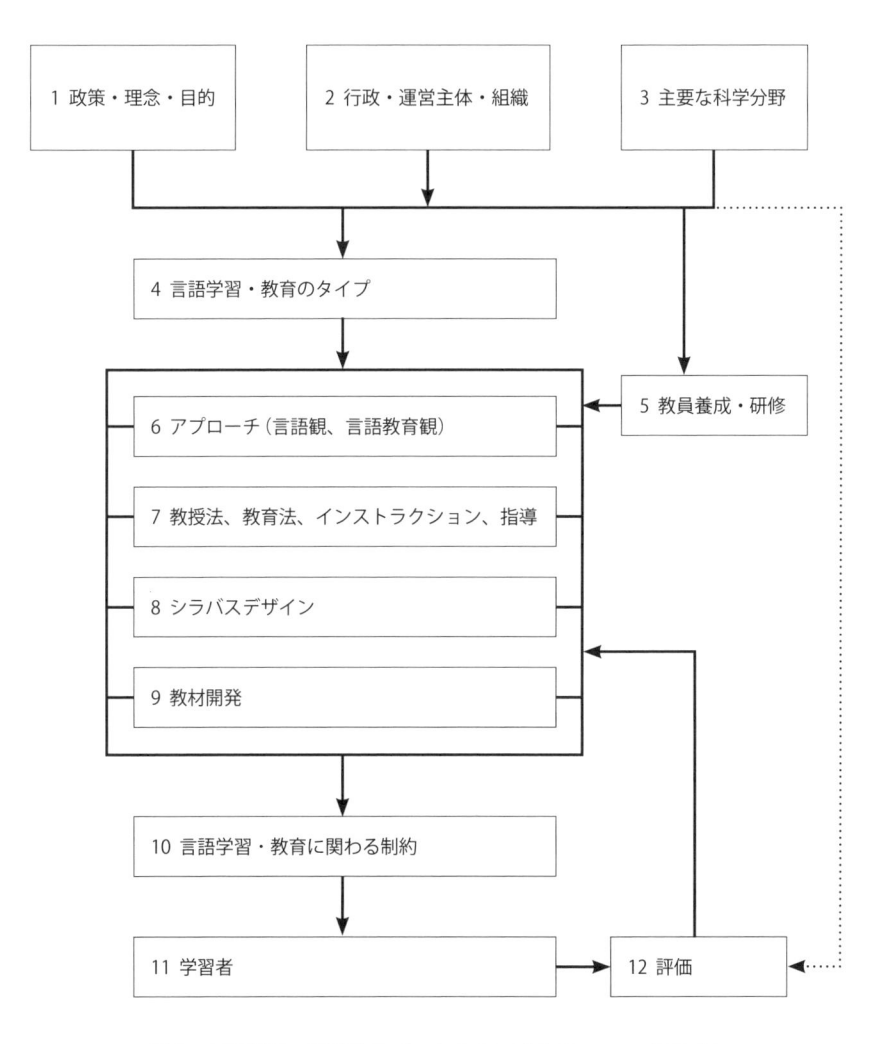

```
┌─────────────────┐  ┌─────────────────┐  ┌─────────────────┐
│ 1 政策・理念・目的 │  │ 2 行政・運営主体・組織 │  │ 3 主要な科学分野  │
└─────────────────┘  └─────────────────┘  └─────────────────┘
           │                    │                    │
           └────────┬───────────┘                    │
                    ▼                                │
        ┌─────────────────────┐                      │
        │ 4 言語学習・教育のタイプ │                    │
        └─────────────────────┘                      │
                    │                                │
        ┌───────────▼─────────────────────┐          │
        │ ┌──────────────────────────┐    │   ┌──────────────┐
        │ │ 6 アプローチ（言語観、言語教育観）│  ◄─┤ 5 教員養成・研修 │
        │ └──────────────────────────┘    │   └──────────────┘
        │ ┌──────────────────────────────┐│
        │ │ 7 教授法、教育法、インストラクション、指導 ││
        │ └──────────────────────────────┘│
        │ ┌──────────────────┐            │
        │ │ 8 シラバスデザイン  │            │
        │ └──────────────────┘            │
        │ ┌──────────────┐                │
        │ │ 9 教材開発     │◄───────────────┼──┐
        │ └──────────────┘                │  │
        └─────────────┬───────────────────┘  │
                      ▼                      │
        ┌─────────────────────────┐          │
        │ 10 言語学習・教育に関わる制約 │         │
        └─────────────────────────┘          │
                      │                      │
                      ▼                      │
        ┌──────────┐       ┌──────────┐     │
        │ 11 学習者 │──────►│ 12 評価   │─────┘
        └──────────┘       └──────────┘
```

図1　言語学習・言語教育プロセスのモデル（Strevens（1977））

これはStrevens(1977)が示した言語学習・教育のプロセスのモデルです。この図によれば、言語学習・教育は12の要素から成り、およそ上に置かれた要素から下の要素へと流れるフローチャートとしてとらえられています。全体の流れにしたがって見ていきましょう。

　言語教育・学習を語るには、まず出発点となる政策や理念、目的(1)[5]が必要です。ある言語の教育を通して何を達成したいのか、どのような人材を育てるのかなどについて、言語教育を行う政策主体(国、学校など)には明確なビジョンが求められます。それはまた目標設定をも含みます。そうした決定に予算をつけたり、人的措置をしたりするのが行政や組織(2)で、文部科学省や教育委員会といった大きな組織から地域の日本語教室の会議体などの小さな組織がこれに当たります。言語学習・教育を支える主要な科学分野(3)には、古くから、コトバの科学である言語学、心や学びについての科学としての心理学、そして教えることに関する科学である教育学の3つが挙げられます[6]。これらの(1)から(3)までの要素は言語学習・教育の基盤となります。一口に言語学習・教育といっても、学習者の年齢や学習環境、教育の種別(専門教育・一般教育、学校教育・社会教育)などによって異なります(4)。そして、教員には適切なトレーニングを施すために養成や研修(5)が不可欠です。このフローチャートのうち太線で囲まれた4つの要素(6)から(9)は、(1)から(5)までの諸要素を教室での指導に向けて実現するためのステップです。それがアプローチ(言語観、言語教育観)(6)、それを実現する教授法やインストラクション(7)、教授(学習)項目のデザイン(8)、そして教材開発(9)です。いずれも教師が教室で実際に指導する前に準備しておくべき重要な段階で、言語教育の中核の部分をなしています。

　こうしてシラバス、教授法、教材がそろえば、あとは教師が指導することになるのですが、現場には時間数、クラスサイズ、設備などさまざまな制約(10)があります。最終的には教師は学習者(11)に対して指導を行い、それを評価(12)します。評価には学習者を対象とした試験も、教師を対象とした授業評価も含まれます。その結果は、太線で囲まれたアプローチ(6)から教材開発(9)までの中核段階にフィードバックされます。また、試験も授業評価も基盤科学の知見を参考にしつつ、行政や組織が開発することもありますので、矢印が(1)、(2)、(3)から直接(12)につながっているのでしょう。

この言語教育・学習プロセスのモデルのフローチャートの中で、教材開発(9)はどのような位置を占めているのでしょうか。上で述べたように、教材開発には教授法やシラバスだけではなく、言語教育・学習の理念や目的から始まるすべての要素が流れこんでいます。教材開発はそれらを受け止め、適当な形の教材や教科書にして教師と学習者の使用に供するステップであると言えましょう。また、教材開発以降の流れを見ると、学習者の使用に供する前の段階で、時間数やクラスサイズなど、いくつもの制約があることがわかりました。この制約をできる限り乗り越えるのも、教材開発の際に考えなくてはならないことです。そのためには、学習者のレベルや関心だけではなく、学習に要する時間や設備、器材などについても考えておく必要があります。また、さまざまな学習者集団に合わせて、教材を適宜編集しなくてはならないこともあるでしょう。

　図1はあくまでもモデルですが、教材開発を取り巻く言語学習・言語教育全体のプロセス、言い換えれば言語学習・言語教育の環境も、教材を作るときには頭に入れておくとよいと思います。

第3節　教材開発のプロセス

　今度は教材開発内のプロセスに目を向けることにしましょう。教材開発にはどのような工程（段階、ステップ）があるのでしょうか。国際交流基金（2008）は次の8つのステップを挙げています。

　　ステップ1：教材を作る前に
　　ステップ2：教材を設計する
　　ステップ3：企画書を作成する
　　ステップ4：教材開発を進める
　　ステップ5：試用し、評価する
　　ステップ6：完成する
　　ステップ7：使用し、改善点を明らかにする
　　ステップ8：改訂する

このうちステップ1から3までが同書で「学習する内容」（国際交流基金 2008：iv）であるとされています。

　Jolly & Bolitho（2011：113）は教師が新しい教材を作ったり、教材を改編したりするときの道筋として、次の6つの段階を挙げています（図2）。

1　教材のニーズの特定化：教材開発によって解決すべき問題や満たすべきニーズを教師や学習者が特定。
2　ニーズの吟味：言語、意味、機能、スキルなどに関するニーズや問題領域の調査。
3　教材の文脈の実現化：集めた新しい素材に、適切な説明や例文、文章を見つけること。
4　教材の指導の実現化：素材に、適切な練習問題や活動、使用（試用）のためのインストラクションを付けること。
5　教材の作成：レイアウト、サイズ、視覚化、音声教材の長さなどに関する検討も含む。
　（学生による教材の試用（使用））

6 合意された教材の評価：試用を経て教師と学生の合意を見た教材の可否、適不適など。

(a) 2〜4は執筆者のために用意されている場合もある。

```
1
教材のニーズの特定化
  2
  ニーズの吟味
    3
    教材の文脈の実現化
      4
      教材の指導の実現化
        5
        教材の作成
          学生による教材の試用
            6
            合意された教材の評価
```

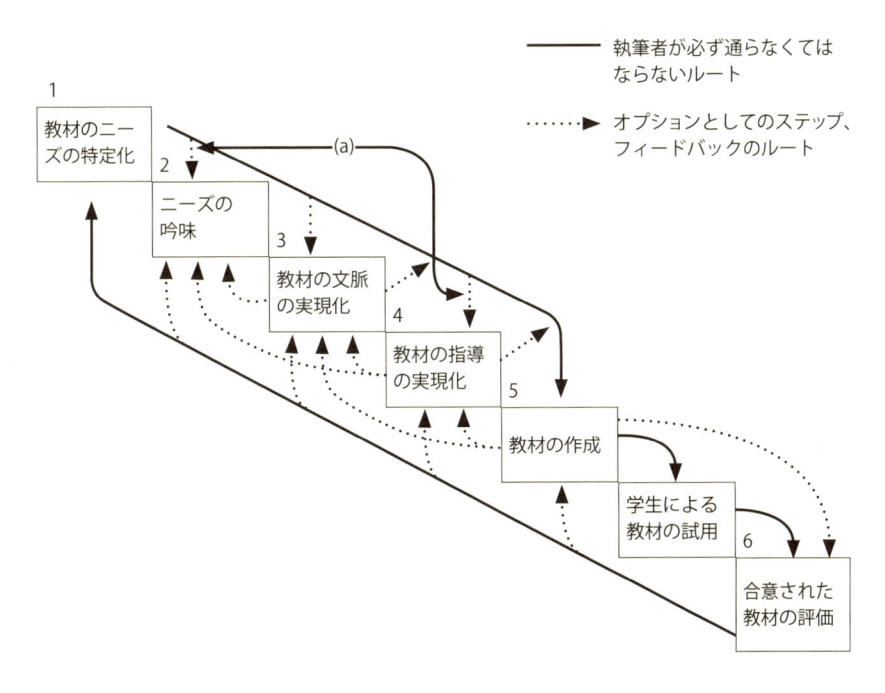

―――― 執筆者が必ず通らなくてはならないルート
········▶ オプションとしてのステップ、フィードバックのルート

図2 教材を開発（改編）する際に教師が通る道筋（Jolly & Bolitho（2011））

国際交流基金（2008）および Jolly & Bolitho（2011：113）が示している上記のプロセスは、教科書を作る際にもあてはまります。この2つをまとめると、およそ図3（p.16）のようなプロセスを描くことができます。

このプロセスを具体的に見ていくと、今ここで論じている教材開発内のプロセスだけではなく、第2節で扱った教材開発外のプロセスも考慮に入れなくてはならないことがわかります。したがって、以下では教材開発外のプロセスについても随時言及します。

教材開発に限りませんが、問題解決のプロセスは問題の発見から始まります。教材開発の場合には、そもそも教材を作成する必要性があるのか、それ

第3節 教材開発のプロセス | 15

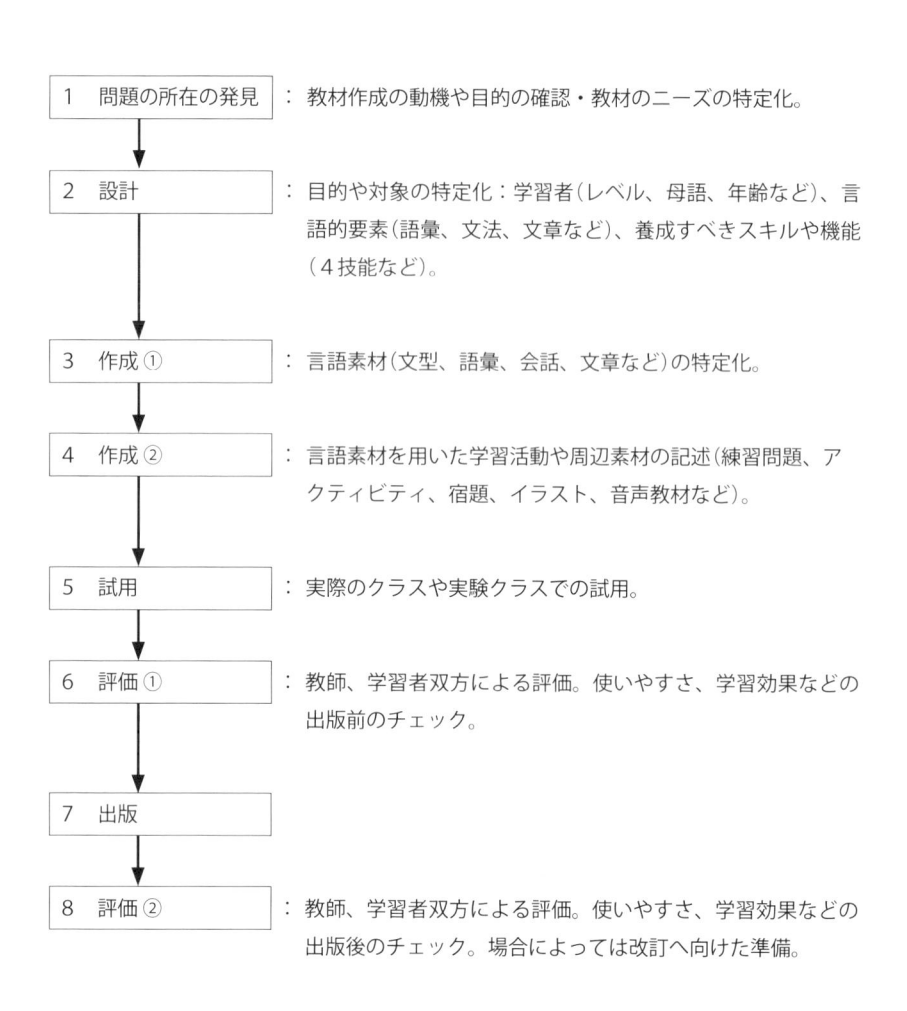

1 問題の所在の発見	：教材作成の動機や目的の確認・教材のニーズの特定化。
2 設計	：目的や対象の特定化：学習者（レベル、母語、年齢など）、言語的要素（語彙、文法、文章など）、養成すべきスキルや機能（4技能など）。
3 作成①	：言語素材（文型、語彙、会話、文章など）の特定化。
4 作成②	：言語素材を用いた学習活動や周辺素材の記述（練習問題、アクティビティ、宿題、イラスト、音声教材など）。
5 試用	：実際のクラスや実験クラスでの試用。
6 評価①	：教師、学習者双方による評価。使いやすさ、学習効果などの出版前のチェック。
7 出版	
8 評価②	：教師、学習者双方による評価。使いやすさ、学習効果などの出版後のチェック。場合によっては改訂へ向けた準備。

図3　教科書開発のプロセス

はなぜか、誰のため、何のために作成するのか、といった点を明らかにしなくてはなりません。これは新しい教材を作成する場合も、また、既存の教材を自分の職場や担当クラス用に改編する場合にもあてはまります。図3の「1　問題の所在の発見」の段階では、図1（p.11）の教材開発外のプロセスの目的や理念（1）が関わってきます。つまり、当該のコースで教育を行う意義や理念などがまずあって、それを実現するために適当な教材がない場合に教材開発の必要性が出てくるのです。次に、教材の設計図を描きます。ここ

では、対象となる学習者（集団）の属性（レベル、母語、年齢、学習環境など）や、語彙、文法、談話、文章、音声等々の言語的要素、言語の機能、4技能などの養成すべきスキル、さらには教師の採る教授法などを考慮しなくてはなりません。地域に在住する生活者としての外国人向けに日常会話を教えるための教材を開発する場合と、大学で研究に取り組むために来日した留学生を対象とした読解教材を開発する場合では、レベルも技能も内容も異なります（「2　設計」）。そして、いよいよ教材に盛り込む内容を考える段階になります。ここでは、前の段階で描いた設計図に基づいて、扱うべき言語素材を決めていきます。そのためには教材開発外のプロセスで言及したシラバスデザイン（8）ができあがっていなくてはなりません。そのシラバスに基づいて、扱うべき文型や語彙、会話、文章などを決めていきます（「3　作成①」）。例や練習となる会話のように、教材作成者が自分で考え出すこともありますし、読解教材の素材とすべき文章の候補を複数集めて、その中から適当なものを選ぶこともあります。このようにして確定した言語素材はこの段階ではまだ学習者に向けられたインプットの形になっているに過ぎません。それらの素材に学習者がどのように関わり、また素材をいかに処理して自分のものとして習得するか、その言語素材を理解し、場合によっては産出もできるようになるか、そしてそれが学習者の中に定着していくかを決める鍵になるのが、次の「4　作成②」です。ここでは、選ばれた文型や語彙を使ってどのような練習をするか、文章をどのように理解させるか、また、そうした言語素材の使用や理解を促すためにどのような音声素材や課題を与えるか、理解や産出を促すイラストは必要かなどを考えます。この段階は「3　作成①」と最も深く結びついています。この「3　作成①」、「4　作成②」を経ると、教材は仮の姿を現します。つまり、この2つの段階が終われば、教材開発は学習者の試用に供する段階に至るのです（「5　試用」）。

　ここまで開発が進んだ教材は現場で試用してみて、本当に使用できるかをチェックしなければなりません。この教材を使った学生の理解が進んでいるか、また、学生の日本語力は向上しているか、教材の効果はあったか、などの学習者の側だけではなく、教師の側にも文法や語彙についての説明の難易や長さ、練習問題や例文、選択肢の順序や適切さ、自然さ、使いやすさなど、フィードバックを得たい項目はたくさんあります（「6　評価①」）。そして、

そのフィードバックの結果は、「3　作成①」、「4　作成②」、場合によっては、「2　設計」に反映させ、修正を加えます。この試用による修正を何度か繰り返して、出版に向けた最終バージョンを作ることになります（「7　出版」）。出版後も教師、学習者の両者による評価が必要です。授業を通して使いやすさ、学習効果などのチェックを行い、必要であれば例文の差し替えなどを行って、増刷や改訂の機会があれば、それに向けて準備をしておきます（「8　評価②」）。

　以上、教材開発のプロセスを1から8へ上から順に説明しました。そこでも何回か言及しましたが、このプロセスは1から8へ上から下へ流れるだけではなく、逆に、下から上へと流れるルートも複数あることを忘れることはできません。たとえば、すでに述べましたように、「6　評価①」の結果は「3　作成①」、「4　作成②」にフィードバックされるべきですし、場合によっては「2　設計」そのものを見直さなくてはならないケースもあります。また、「2　設計」、「3　作成①」、「4　作成②」は、これらのステップの間を行きつ戻りつしながら進むのがむしろ普通でしょう。

第4節 教科書開発のこれまで、および現状

1. 日本語教科書の系譜

　今日までに刊行された日本語教科書は、数十年以上にわたって長く広く使用されたものから泡沫のように一瞬にして消え去ったものまでさまざまですが、どの教科書にも作られた背景には、次に挙げるような理念・ニーズ・誘因・環境などがありました。

　◆教育的理念
　◆言語政策的理念
　◆学習者のニーズ
　◆時代のニーズ
　◆地域別ニーズ
　◆教授法理論の影響
　◆関連諸科学の影響
　◆国際的・社会的・経済的環境が及ぼす影響
　◆人的つながり
　◆機関的つながり

　そこで、今日までに日本国内（日本の旧植民地を含む）で作られた主な教科書を時系列で並べ、それらを関連の糸で結んでみると、図4・図5[7]のようにいわゆる「系譜」を形作っていることがわかります。
　つまり、どの教科書にもそれが誕生するにはそれなりの理由や必然性があったのであり、また教科書間の関連を見れば、教科書編纂の歴史は点ではなく、線で結ばれることがわかるのです。

図4 時代背景から見た教科書の系譜

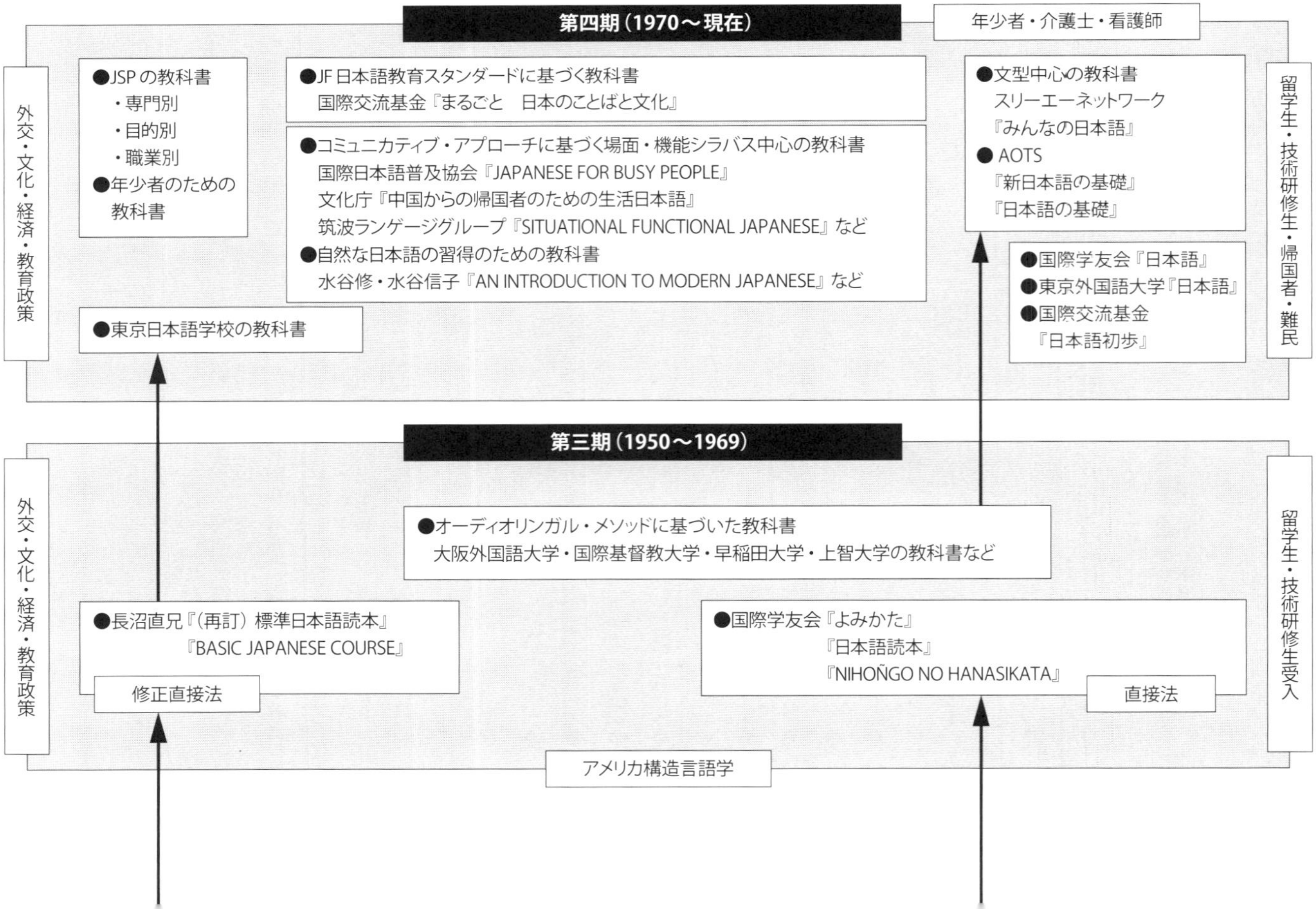

第四期（1970～現在）

留学生・技術研修生・帰国者・難民

年少者・介護士・看護師

- 文型中心の教科書
  スリーエーネットワーク『みんなの日本語』
- AOTS『新日本語の基礎』『日本語の基礎』
- 国際学友会『日本語』
- 東京外国語大学『日本語』
- 国際交流基金『日本語初歩』

- JF日本語教育スタンダードに基づく教科書
  国際交流基金『まるごと 日本のことばと文化』
- コミュニカティブ・アプローチに基づく教科書『JAPANESE FOR BUSY PEOPLE』
- 国際日本語普及協会『SITUATIONAL FUNCTIONAL JAPANESE』・機能シラバス中心の教科書
  文化庁『中国からの帰国者のための生活日本語』
  筑波ランゲージグループ『SITUATIONAL FUNCTIONAL JAPANESE』など
- 水谷修・水谷信子『AN INTRODUCTION TO MODERN JAPANESE』など

- JSPの教科書
  ・専門別
  ・目的別
  ・職業別
- 年少者のための教科書
- 東京日本語学校の教科書

外交・文化・経済・教育政策

第三期（1950～1969）

留学生・技術研修生受入

- 国際学友会『よみかた』『日本語読本』『NIHONGO NO HANASIKATA』

直接法

アメリカ構造言語学

- オーディオリンガル・メソッドに基づいた教科書
  大阪外国語大学・国際基督教大学・早稲田大学・上智大学の教科書など

- 長沼直兄『（再訂）標準日本語読本』『BASIC JAPANESE COURSE』

修正直接法

外交・文化・経済・教育政策

20 ｜ 第1章 作る前に

第二期（1930〜1945）

留学生受入
- 直接法へ
  - 国際学友会『日本語教科書』
  - 国際文化振興会の教材
  - 青年文化協会の教材
- 言語学
  - 職業別
  - 対訳付き
- 大出正篤 など
  - 満州の一般成人用教材『効果的速成式標準日本語読本』など

国語教育・センテンスメソッド
- 満州の中等教育用教科書

修正直接法へ
- 長沼直兄『標準日本語読本』
- 日本語教育振興会の教科書
- 華北・関東州の山口喜一郎の教科書
- 満州の初等教育用教科書

日本語普及政策・同化政策

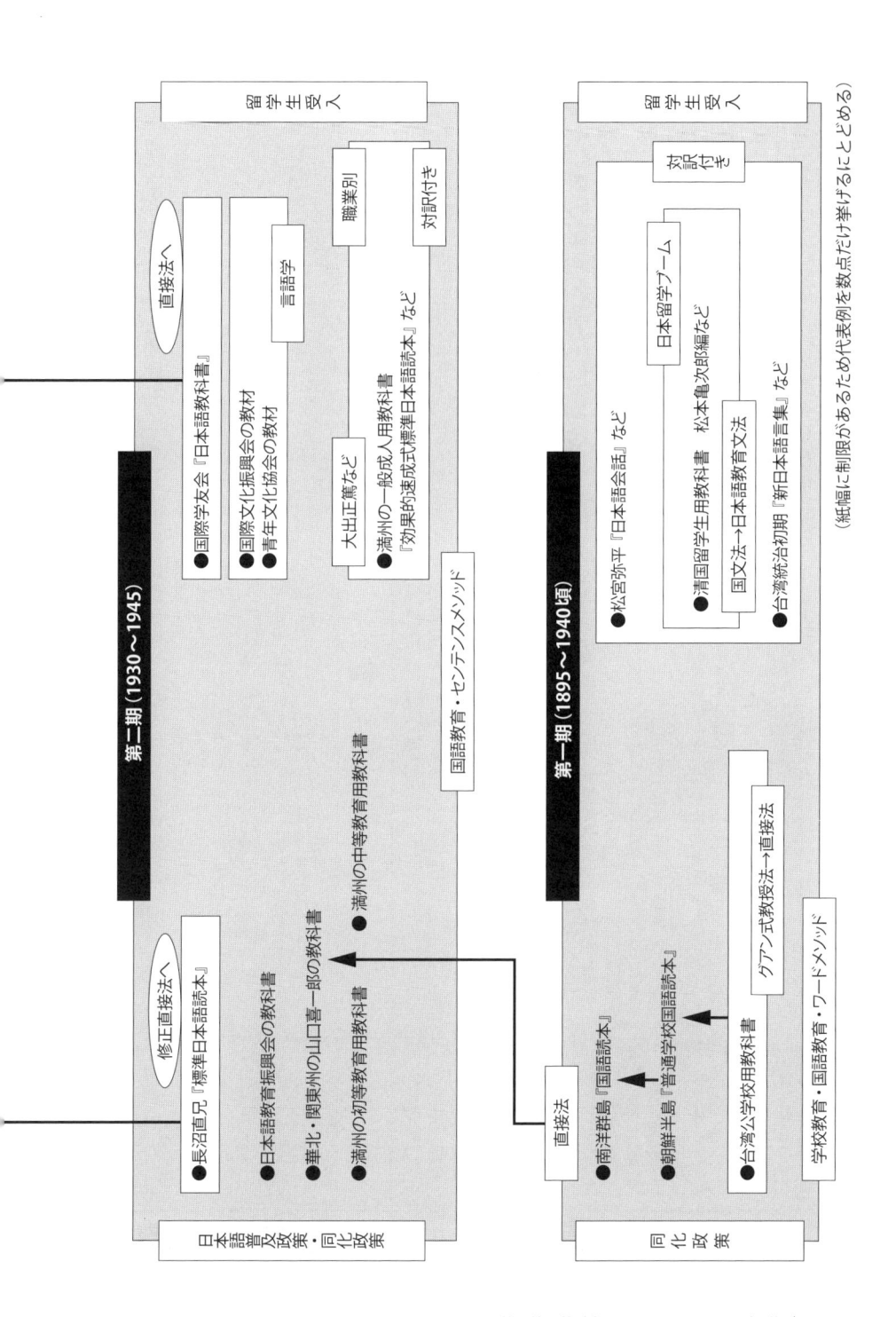

第一期（1895〜1940頃）

留学生受入
- 対訳付き
  - 日本留学ブーム
  - 清国留学生用教科書 松本亀次郎編 など
- 国文法→日本語教授法
- 台湾統治初期『新日本語集』など
- 松宮弥平『日本語会話』など

直接法
- 南洋群島『国語読本』
- 朝鮮半島『普通学校国語読本』
- 台湾公学校教用教科書
- グアン式教授法→直接法

学校教育・国語教育・ワードメソッド

同化政策

（紙幅に制限があるため代表例を数点だけ挙げるにとどめる）

第4節　教科書開発のこれまで、および現状 | 21

図 5 人的・機関的つながりから見た教科書の系譜

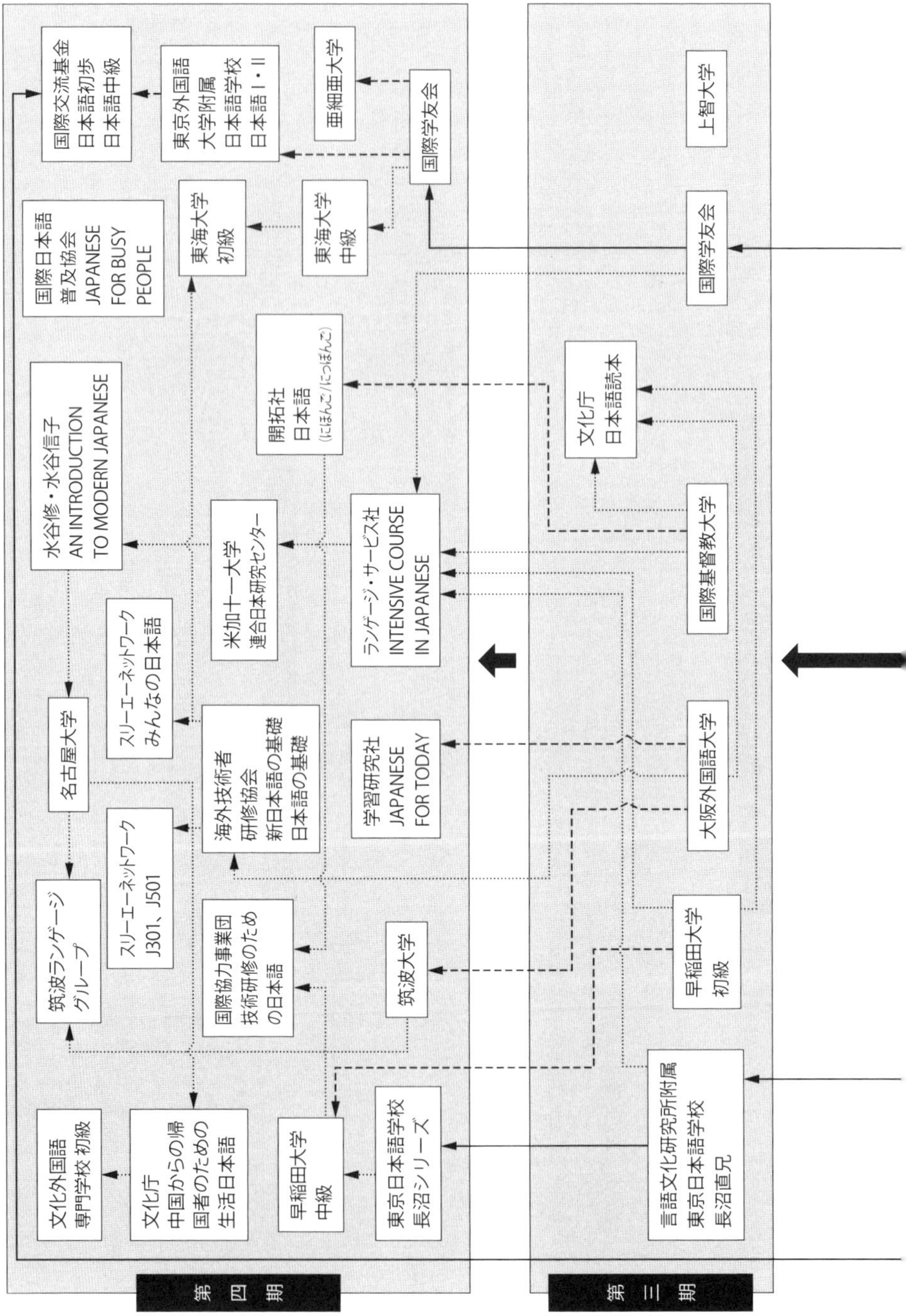

22 | 第1章 作る前に

第一期

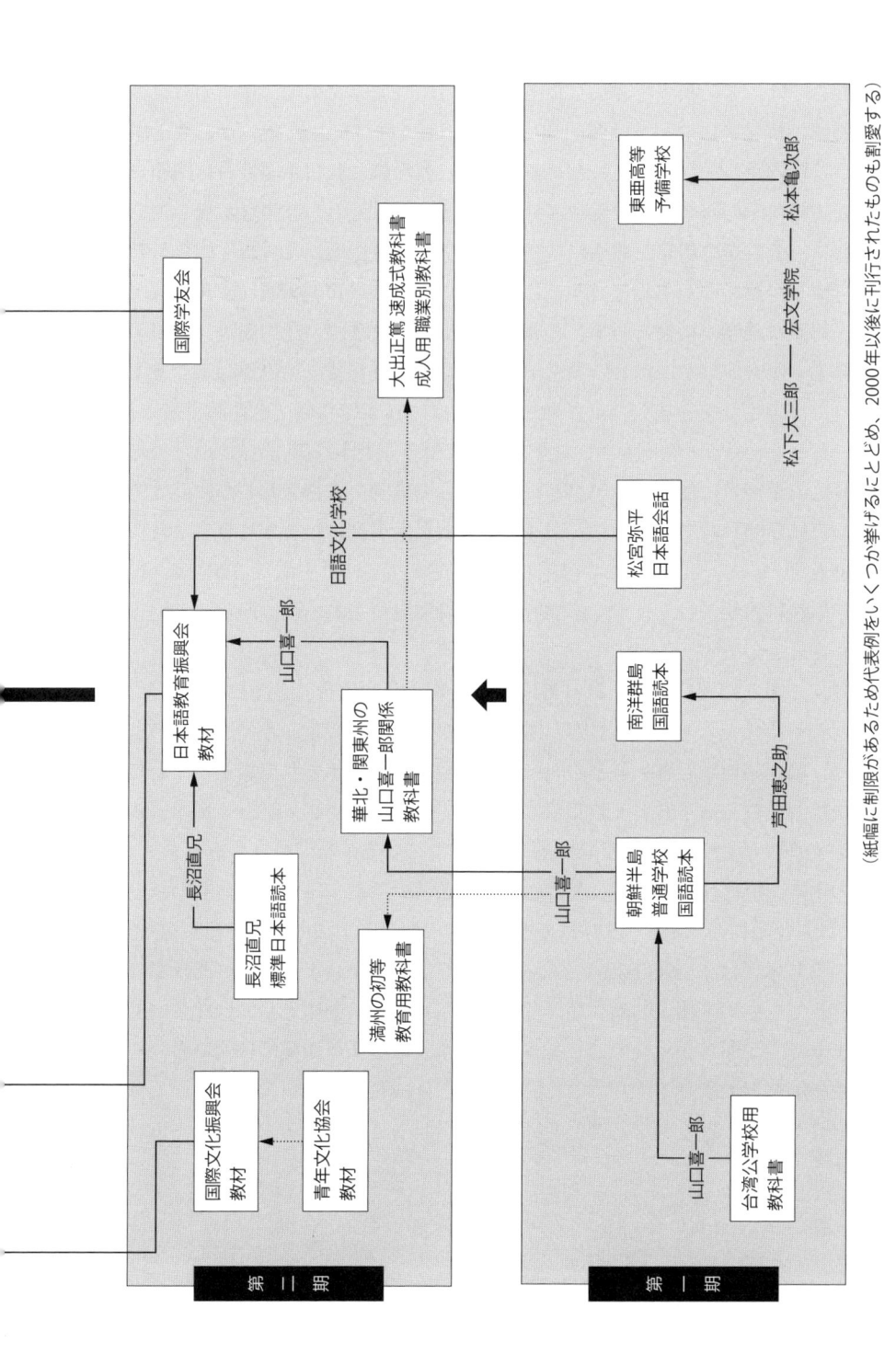

- 台湾公学校用教科書 ←山口喜一郎→ 朝鮮半島普通学校国語読本 ←芦田恵之助→ 南洋群島国語読本
- 松宮弥平 日本語会話
- 松下大三郎 ── 宏文学院 ── 松本亀次郎 → 東亜高等予備学校

第二期

- 青年文化協会 教材
- 国際文化振興会 教材 ⇢
- 長沼直兄 標準日本語読本 →長沼直兄→ 日本語教育振興会 教材
- 満州の初等教育用教科書
- 華北・関東州の山口喜一郎関係教科書 ←山口喜一郎
- 日語文化学校
- 大出正篤速成式教科書 成人用職業別教科書
- 国際学友会

（紙幅に制限があるため代表例をいくつか挙げるにとどめ、2000年以後に刊行されたものも割愛する）

ここでは、その系譜を詳しくたどる紙幅はありませんので、個々の教科書の概要・特長等については関（1997）をご一読ください。ただ、ここで1点だけ特に強調しておきたいことがあります。教科書には日本語教育に関連する周辺諸科学の研究成果が反映されてはいますが、それらは単なる借り物ではなく、それを応用し、理論から実践へ、実践から応用へと分析・総合しながら成し得たものであるということです。日本語教科書の編纂は、教授法理論、対照言語学、社会言語学、心理学、音声学、文法論、語用論等々の周辺諸科学の研究成果を応用しつつも、たゆみない実践経験を積み重ねることによって具現化してきました。また、そのようにして作られてきた教科書は、ユーザー（学習者・教師）のモニタリングを経て進化してきました。どれだけ多くの学習者に使われるか、どれだけ多くの教師に支持されるかによってその真価が問われてきました。図4・図5の最も上部に位置する今日の教科書群も20年後、30年後にこの系譜に記録されるか（歴史に残るか）は、まずその教科書がどれだけ多くの学習者と教師に支持されるかにかかっているとも言えるのです。

　図4・図5に掲げられた教科書は、総じて教育的理念、言語政策的理念、学習者や時代のニーズへの対応、体系的なシラバスの設定、教授法理論の裏付け、関連諸科学の導入などの面でその特徴が明確に示されています。そしてまた、これらは学習者・教師双方にとっての使いやすさ、学びやすさ、教えやすさ、学習効果等の面で好評を得た（得ている）教科書でもあります。その中で、特に注目すべきことは、1人の著者の手によって成ったものは少ない（ちなみに吉岡編著（2008）で取り上げられた日本国内刊行の教科書68種のうち単著は11種（16％）である）ということです。1人の著者だけではどうしても主観や個人的趣向がプラスよりもマイナス効果としてはたらいてしまう傾向があるからなのでしょう。それゆえに、ある組織や機関において複数の編著者によって、一つの方針に沿って作成される教科書のほうがより普遍性があり、多くの学習者と教師に支持されることになるのだと考えられます。

2. 1世紀余り前の日本語教科書
　　編纂プロセスの一例

　一個人よりも複数の編著者による教科書に成功例が多いと先に述べましたが、その好例が今から100年以上も前に作られた松本亀次郎[8]編集代表『日本語教科書』(1906) です。この教科書は『改訂日本語教科書』として版を重ねたロングセラーの教科書で、編集執筆者 (松本が勤めていた日本語学校・宏文学院の教員) どうしで侃々諤々の議論の末に成った教科書としても知られます。一方、松本は1914年には「日華同人共立東亜高等予備学校」[9]を創立しました。校名を見ると中華民国 (1912年建国) との「共立」だったことが想像されますが、実際には留学生の熱望に支えられて創立することができたという意を込めて「日華同人共立」を冠したのでした。この校名からも松本は学習者との協働をモットーとしていたことがわかります。『訳解日語肯綮大全』[10] (1934)、『日本語のはじめ』(1932) など、彼が編纂を手がけた教科書は10冊以上に及ぶのですが、その対訳には学習者 (中国からの留学生) の協力を得、学習者の意見を採り入れたことで知られています。

　そこで、松本亀次郎編集代表『日本語教科書』の編集プロセスを追うことによって、優れた教科書誕生の背景を探ってみましょう[11]。

　この教科書は、初版の『日本語教科書』(全3巻) が1906年に金港堂書籍 (以下、金港堂と略す) より出版され、それから21年後の1927年にはその改訂版の『改訂日本語教科書』が有隣書屋より出版されました。金港堂版は、1巻が6月に、2巻が7月に、3巻が8月にとそれぞれ1ヶ月間を置いて出版されていますが、宏文学院関係文書[12]にある校閲の記録によれば1巻ずつ編集したのではなく、校閲の段階で少なくとも2巻は同時にできていたことがわかります。一方、有隣書屋版は3巻が1巻にまとめられて出版されています。このように同じ教科書でも、「版」や「刷」が違えばその装丁や内容が違ってくることがままあります。ですから、教科書の史的研究を行う場合には、書誌学的に必要なポイントはしっかりと押さえておかなければなりません。

　まず、初版の金港堂版が編纂されたいきさつを松本亀次郎 (1939)[13]から抜き書きすると次のようになります。

>
> 第三十六課　テ居ル　テ居ル
>
> 老人　下女　小使　車夫
> 御飯ヲ食ベテ居ル。
> 體操ヲ爲ツテ居ル。
> 手紙ヲ書イテ居ル。
> 新聞ヲ見テ居ル。
>
> アナタハ　何ヲシテ居マスカ。
> 私ハ　御飯ヲ食ベテ居マス。
> 馬ハ　何ヲ食ツテ居マス。
> 馬ハ　草ヲ食ツテ居マス。
> アノ老人ハ　何ヲ見テ居マスカ。
>
>
> 第三十七課　て居る　て居る（前課ノ音便）
>
> アノ老人ハ　新聞ヲ見テ居マス。
> コノ男ノ子供ハ　何ヲシテ居リマスカ。
> ソノ男ノ子供ハ　體操ヲシテ居リマス。
> アノ下女ハ　何ヲシテ居リマスカ。
> アノ下女ハ　掃除ヲシテ居リマス。
> アノ車夫ハ　何ヲシテ居リマスカ。
> アノ車夫ハ　汗ヲ拭イテ居リマス。
>
> 遊んで居る。
> 讀んで居る。
> 汲んで居る。
> 飲んで居る。
> 漕いで居る。
> 嗅いで居る。

宏文学院編 (1906)『日本語教科書　第一巻』金港堂書籍

- 宏文学院における教科書編纂の必要性が認められ、松本亀次郎がその起草委員になった。
- 三矢重松[14]や松下大三郎[15]等20数名の教員が列席し協議の会を持った。
- 嘉納治五郎[16]学院長を会長とし、１ヶ月に１～２回会を開き、松本の提案について論議し１年余りの後『日本語教科書』を金港堂から出版した。

一方、有隣書屋版の緒言では次のように述べています。

> 月に一二回位、実地に留学生に教えて見て、意外に困難した日本語の説明法や、支那語及び漢文との比較研究や、教授法などの、協議会を開いたものである。其処で、教科書を編纂する事に成って、僕が其の編輯主任に選ばれ、原稿を作って、日語教授会の討議に附したのであるが……

当時の宏文学院の日本語の教員は、三矢重松、松下大三郎、井上翠、難波常雄[17]、佐村八郎[18]、柿村重松、峯間信吉、門馬常次、江口辰太郎、臼田寿恵吉、小山左文二、菊池金正[19]、唐木歌吉、芝野六助、金田仁策、鶴田健次[20]といった新進気鋭の人たちでした。その中には後に日本語文法研究や漢文学研究で大きな業績を残した人[21]もいます。それだけに、協議会でははげしい議論が戦わされたようです。その様子について、有隣書屋版の緒言では次のように述べています。

> 議論にかけては、孰れも後へは引かぬ論客揃いだから、相応に論戦も八釜しかったが、老練な嘉納会長と明敏な三矢氏が、良い塩梅に楫を執って、山へも乗り上げず、巧に議事を進行し……

　理論だけでなく教育現場での経験を積み上げることによって問題提起をし、解決策を求め、その成果を反映させた教科書編纂に心がけたことがうかがえます。
　こうした教科書作りのプロセス(その具体的な作業の一端)については、講道館所蔵の宏文学院関係資料によって知ることができます。この資料は、『日本語教科書』の編纂にたずさわった人たちのいわば書き込みノートのようなものです。それにはまず鶴田健次が1巻・2巻のほとんど全課にわたってコメントを付しており、それを踏まえて、佐村八郎、菊池金正が「日本語教科書草稿ニ対スル愚見」と題したメモを残しています。各文書間の時間的な前後関係は不明ですが、三矢重松、松下大三郎、難波常雄等が意見を書き込んだ文書もあり、それらの文書には後に三矢重松が添えたと見られる朱筆のコメントも残されています。

▶1　佐村八郎、菊池金正による「日本語教科書草稿に対する愚見」(全二巻に通じることに就いての愚見10項目)とそれへの書き込み[22]

① 予定の要領を授け、これを咀嚼し実用せしめんとして、普通卑近の適的(ママ)[23]を選び、反覆親切なること、終始一貫周到せり。(後略)

② 書名「日語教科書」は「日本語教科書」と改めたし。日語は日本語の漢訳ならざるべきか。少くも清人[24]の套語[25]なるべし。（後略）
③ 題[26]（ママ）一課　第二課　第三課‥‥等は全巻を通じては　一、二、三、‥‥若くは第一、第二、第三‥‥等に改めたし。他に深き理由はなけれど、要なきに煩をなすの観あり。
④ 各項の標題　主目等は凡て削除したし。教科書としては教師の注意、学生の発明等に任すべきものなるべきか。
⑤ 単語に註したる漢字はなくもがな。たまたま日、火、等のものに漢字を註するは自ら別問題なり。（後略）
⑥ 語例に同例多くしては往々煩雑に失し興味を損ずるものあらざるべきか。
⑦ 重きを語法に丞け□□[27]語路調子等に不自然のものあらざるべきか。
⑧ 教科書として　分量　程度　順序等は俄に愚見をはまむ（ママ）[28]べくもあらず。
⑨ 全巻を通じて挿絵の要あるべきかと思う。少くとも或る事物だけは絵画に由って直覚的に教授するの要あるべし
⑩ 鶴田氏の意見と同意見のものは同氏の案に○符を付しおけり

このような提言に対して次のような朱筆が入れられています。
　①について：「此の説可ならむか尚相説[29]を要す」
　③について：「課存したし」
　④について：「標題主目存したし」
　⑨について：「東京市の界図等は挿入したし」

▶2　提出語彙の選定に関する議論

親族呼称について
・「おにいさまと云うこと余り聞かず、又おかみさんという語を補いたし」に対して「にいさまを教う」とあり、「おあにさま？」の書き込みもあります。
・「おとっつぁん（父）おっかさん（母）」を「おとーさん、おかーさんと改

めたし」とあります。
- 「ねいさん」」を「ねえさん」に改めたしという意見には、「ねいさん」について「此の方が東京普通語なるか」との書き込みがあります。

　今日でも、語法や語意・語感については、教科書編集会議等でしばしば意見の分かれることがあります。筆者(鹿児島出身)も首都圏の出身者に加えて青森、大阪、愛知、福岡出身などの編集者と熱く議論を交わしてきました。逆説的な言い方になりますが、日本語教科書は首都圏の出身者(東京語の話者)だけでなく、さまざまな地域の出身者から成る編著者で練り上げたほうがよりスタンダードなものになると言ってよいでしょう。それは、「地域語」と「地域語」をぶつけ合うことによって、より精確に「日本語」の意味・用法をとらえることができると考えるからです。宏文学院で『日本語教科書』の編集会議が開かれた頃は、標準的な日本語に対する認識にもかなりの隔たりがあったと推察されますが、静岡、山形、山梨、岡山、兵庫など多彩な出身者の手で成ったからこそ、完成度の高い教科書ができあがったと言っても過言ではないでしょう。

▶3　漢語か和語か、文語か口語か

　松本の草案に対する意見書を見ると、漢語、文語が多用されていることに異論が出ていることがわかります。草案→提言→コメント→結果(×は草案どおり、○は提言どおり)を抜粋して示すと表1のようになります[30]。
　漢語や文語的な語句に対して提言者は口語的で平易な語句を代案に挙げていますが、その結果を見るとすべてが修正されているわけではありません。こうした編集作業が行われた当時は、標準的な近代日本語がまだ成立していない(成立しつつあった)時代でした。大槻文彦編纂の『口語法別記』[31]が刊行された1917年より10年以上も前のことでした。したがって、よく使われているという理由だけで「口語」を採用するには躊躇したくなることも少なからずあったと推察されます。また、学習者が中国人でしたから、漢語はむしろ理解を得やすいという配慮がはたらいたとも考えられます。
　表1には挙げてありませんが、「であります」を「です」に直したほうが

表1　松本亀次郎の草案に対する意見書

松本亀次郎の草案	草案に対する提言	提言へのコメント	結果
見物に	見に		×
用いる	する	可	×
明後朝	明後日の朝	両方可	×
明後晩	明後日の晩	両方可	×
放歌して	歌って	もとのまま	×
天稟	性質	可	○
端艇競漕	ボートレース	可	○
繁劇	劇しい	可	○
剛勢だった	強かった		○
失念いたしました	忘れました		○
後順の徳を缺いてをる人	腕白者	ここ削除	×
感謝の至りです	有難い訳です		×
寸志を呈するばかりです	ほんの志まで差し上げる許です	可	×
痛痒を感じませんが	何でもありませんが		×
迫ればとて	迫ったからといって		○
御通行の	お通りの		○
資本が出来たらしい	儲けたらしい	どちらでも	○
必要が有っても	欲しくても	可	○

　よいという案に対し、三矢は「同主張」と賛成してはいるものの、「あります、でありますは会話語としては如何なれども世間に言う人も多」いとも朱筆で書き込んでいます。三矢は、古い語彙や語法も使われている状況においては、それらを聞いたときに留学生が理解できるように配慮すべきだと考えたのでしょう。何をもってスタンダードとするか、その答えを出すには今日でもなお迷うことが少なくありません。また、時刻の前に「午前」を付けて問答す

る用例について「午前」を省くべきとの提言に対して、三矢は「会話としては如何なれども午前午後と云うことを教うる事なれば」と、日常の会話文としては多少不自然ではあっても基本的な語は習得させたいとの見解を示しています。使用頻度は高くなくても、教えるべき（学ぶべき）必要な語彙（基礎語彙）や語法（基本文型）はあるという考え方は今日の教科書編集においてもなお議論されるところです。三矢の書き込みは、時代を問わず教科書作りの際に悩まされる問題の一例を示していると言えます。

▶4　時代状況に合わせて改訂

　長年にわたって版を重ねた教科書は、それらを細かく調査すれば時代状況に合わせて修正・改訂がなされていることがわかります。『日本語教科書』も次のような記録を見れば、金港堂版から有隣書屋版へと改版されたなかで教科書が進化したことがわかります。

金港堂版の例言：
　　此の書の次第、分量、程度、及び語路等に於ては、尚訂正を要するものあり。且必要の語法にして、脱漏せるものも、亦甚だ少からざるを信ず。他日必増補訂正して、完璧を期すべし。

有隣書屋版の緒言：
　　最早二十年余りも経過して、其の間に中華の革命や、欧州の大戦乱も起り、世態風俗や、学術界思想界も、著しく変化して来たから、本書内の引例や用語も、今から見れば、不適当な者が多く、且つ草創の試みだから、繁簡宜しきを得ぬ処も固（もとよ）り少くない。其の上、読本文法作文書取等と、教授時数の権衡を保つ為、紙数を減少するの必要をも生じ、改刪しなければならぬことに成った。其処で、我が敬愛なる東亜高等予備学校の日本語科教授諸君に教授の実験上から見た剴切な批評を懇請して、大修正を加えたのが、即ち此の改訂日本語教科書である。

　教科書を実地に使うことによって発見したり気づかされたりしたことを活

かし、また学習者のニーズや時代背景に合わせて教科書の改善を図ったことがうかがえます。

　以上のように、今から 100 年以上も前に、お手本となる既刊の日本語教科書もほとんどない中で、気鋭の教員たちが結集して知恵を出し合い、試行錯誤を繰り返しながら、今日の教科書編集の場面をも彷彿させるような教科書作りを行っていたことには、ある種の感動すら覚えます。そして、教科書作りは単なるデスクワークだけでは決して成し得ないことをものがたっています。

3. 教科書開発の現状

▶ 1　教科書の役割

　日本語教育（学習）に限らず、教科書とは、その目的達成のために教育・学習項目や内容が系統立てて編み込まれた教材（学習材）のことであり、「教科書」の名で呼ばれるものの多くは、一般的には紙を用いて 1 冊以上の印刷物にまとめられています。教育・学習項目や内容が<u>系統立てて編み込まれている</u>ということは、その教科書は何らかの理念（誇張して言えば思想・哲学）、方法論、技術論によって支えられているということでもあります。一方、それらの論は本節 1. で<u>述べたように実践によって裏付けされたものでなければなりません</u>[32]。

　最近はインターネットを利用した e-learning の教材等も盛んに開発され、IT 革命以後は日本語教科書の存在やあり方に劇的な変化をもたらすことも予測されましたが、キリシタン宣教師たちが作った教科書[33]以来連綿と続いている「紙に印刷した旧来型の教科書」が主役の座を明け渡すまでにはまだしばらくかかりそうです。

　1990 年前後頃からは、1 冊にまとめられた旧来型の教科書よりもそのときどきの学習者のニーズや能力に応じて、必要な教材を引き出しから取り出すようにして使う「モジュール型教材」が有効との声も聞かれるようになりました。あるいは、日本国内で日本語を学習する場合は、教室外でも日本語による接触場面がふんだんに活用できるのだから、学習環境そのものが学習

のリソースであり、すなわちそれが教材＝教科書だという見方さえされるようにもなりました。こうした考えから「教科書不要論」も生まれました。

　しかし、50年後、100年後に日本語学習の現場から教科書が消えてなくなることはないでしょう。系統立てて編まれているところに教科書の特長があるのであり、そのことによって学習者は自らの能力の到達度を計ることもできます。ゴールを目指そうという学習意欲も得られます。「1冊の教科書を終えた」「ある学習段階にまで到達できた」という達成感は、モジュール型教材や学習環境の中のリソースではなかなか得られません。教科書が学習者に与えるこうした心理的影響は決して小さくありません。教育・学習項目や内容が系統立てて編み込まれているからこそ、そこに学習者の「教科書に対する信頼感」も生まれます。教科書と宗教の教典とは似て非なるものではありますが、1冊にまとめられ、持ち歩くこともできる教科書はその存在感と機能性において教典のような役割を果たしているとも言えるでしょう。

▶2　教科書のタイプ

　教科書のタイプを類別するには、吉川武時は、その編著者が国語学から日本語教育に入った人たちか、言語学・外国語学から日本語教育に入った人たちかによって、二大別できると述べ、前者はたてがきを好み後者はよこがきを好むので、それぞれを「たてがき派」、「よこがき派」と呼ぶことができるとしています[34]。日本語教育に入る前の専門分野が国語学だったか、言語学・外国語学だったかの違いはあとでは変更できない客観的事実だからと言うのです。この類別法は教科書の一傾向を見るにはおもしろい方法ですが、特徴・特質を見抜くことはできません。そもそも、教科書の編著者のなかには、国語学・言語学・外国語学以外を専門として学んだ経歴のある人は大勢いますし、ある教科書の編著者（グループ）が、たてがき派・よこがき派のどちらか一方に偏って組織されることは、今日ではむしろ珍しいのではないでしょうか。学習者にとっても教師にとっても教科書選択の際に、たてがき派によるものか、よこがき派によるものかをチェックポイントにすることは今やほとんど意味がないと言ってよいでしょう。

　実際に役に立つと考えられる「教科書を選ぶときのチェックポイント」を

挙げるとすれば次のようになります。

①どのような学習者を対象にしているか

　学習者の属性には、a 年齢、b 性別、c 職業・身分、d 母語などが挙げられます。

　a は、成人対象か、小学生から中学生くらいまでの児童生徒を対象にしたものかに大きく二分されます。十数年前にある出版社で幼児向けの教材（教科書と言えるかどうか）の開発が検討されているという話を聞いたことはありますが、市販されているものを筆者は実際に見たことはありません。

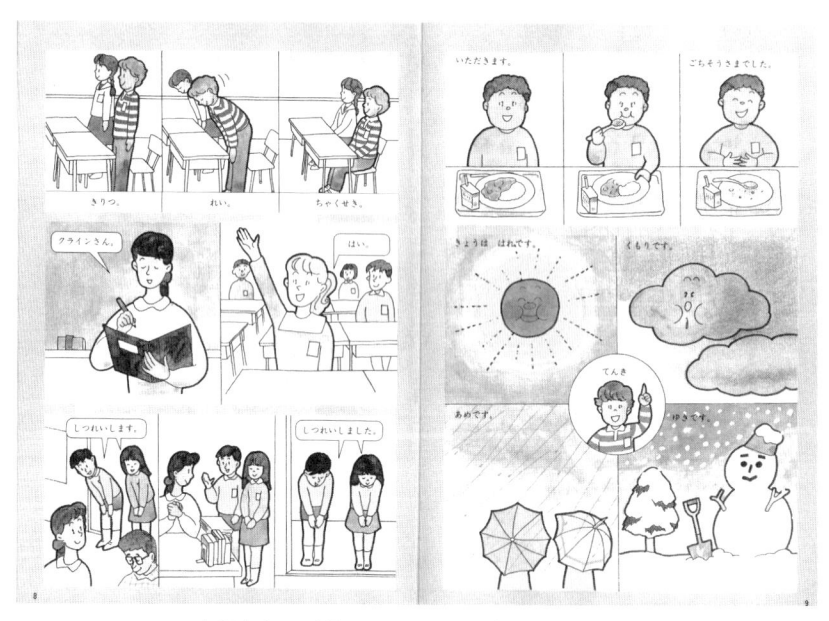

文部省（1992）『にほんごをまなぼう』ぎょうせい

　b の違いによって教科書が編纂されることはありません。日本語には男性語と女性語の違いがあるので、それを教科書の中で一学習項目として扱うことはあっても、男性用・女性用と別々に教科書が出版された事例はいまだかつてありません。

　c は、ビジネス関係者・技術研修生・技能実習生・留学生・難民・中国か

らの帰国者などに分けられます。かつて、旧「満州」では鉄道員・公務員・警察官など特定の職業に従事している人たちのための教科書が作られたことがありました。最近では、ホステスなど接客をする人のための会話集（「教科書」と言えるかどうか）が出版されたこともありますが、こうした例はきわめて稀であり、「満州」時代のように特定の職業別の教科書出版は現在では皆無に近いと言ってよいでしょう。なお、ビジネス関係者・技術研修生・技能実習生にも、留学生にも学ぶ専門分野がありますから、それぞれの分野別に編集された教科書も刊行されています。

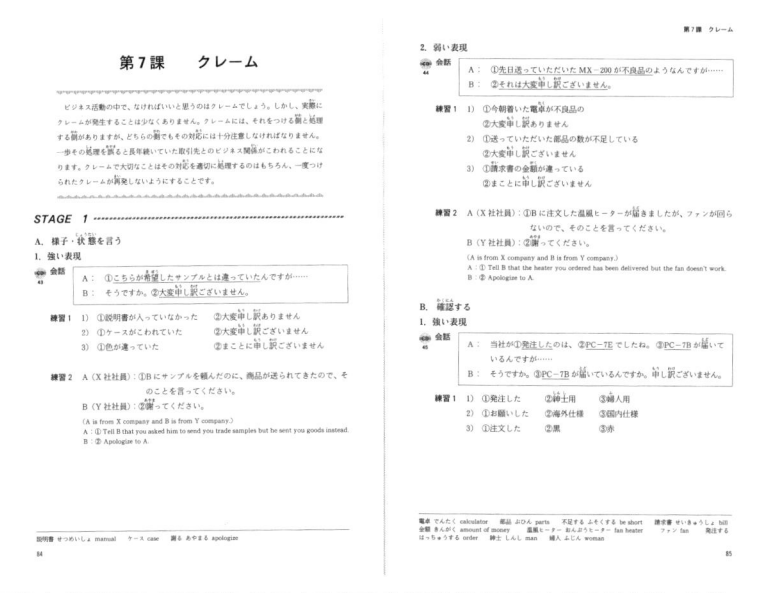

米田隆介・藤井和子・重野美枝・池田広子（2006）『新装版 商談のための日本語』スリーエーネットワーク

第 23 課

文型
1. きのう 来た 人は 木村さんの 友だちです。
2. これは 私が とった 写真です。
3. 先週 あなたが 買った カメラを 見せて ください。
4. 手紙を 書く 時間が ありません。

会話
田　中：研修旅行に ついて 質問が ありますか。
スラメット：名古屋で 見学する 工場は どんな 工場ですか。
田　中：自動車を 作って いる 工場で、日本で 一番 大きな メーカーです。
スラメット：名古屋の 次に 行く 所は どこですか。
田　中：広島です。ここで 平和公園と 機械の 工場を 見ます。
スラメット：広島に 私の 友だちが いますが、彼に 会う 時間が ありますか。
田　中：さあ、あまり ないと 思いますよ。ほかに 質問は。
スラメット：ありません。

例文
1. きのう センターへ 来た 人は だれですか。
　―私の 会社の 人です。
2. あそこで 歌を 歌って いる 人は だれですか。
　―タノムさんです。
3. あなたが 好きな スポーツは 何ですか。
　―フットボールです。
4. きのう 私が 見た 映画は おもしろかったです。
5. これは だれが とった 写真ですか。
　―田中さんが とった 写真です。
　どこで とった 写真ですか。
　―京都で とった 写真です。
　いつ とった 写真ですか。
　―先週の 日曜日 とった 写真です。
6. 辞書を 売って いる 所を 知って いますか。
　―はい、知って います。
7. 今まで 聞いた 講義の 中で、何が 一番 おもしろかったですか。

—136—　　—137—

海外技術者研修協会（1974）『日本語の基礎（漢字かなまじり版）』海外技術者研修調査会

14　大学に入れるかどうか心配です

マリアさんは保証人の木村さんのうちへ行きました。

木　村：マリアさん、夏休みはどうでしたか。
マリア：八月の初めに北海道へホームステイに行きました。とても楽しかったです。後はうちで勉強していました。
木　村：そうですか。わたしはこの前学校へ行って、あなたの先生に会いました。マリアさんはとても頑張っていると言っていましたよ。
マリア：そうですか。
木　村：六か月で本当に上手に日本語が話せるようになりましたね。

マリア：話すことはあまり困らなくなりましたが、新聞を読むことはできません。まだ漢字が少ししか分かりませんから。来年わたしは国立大学の経済学部か商学部を受験したいと思っています。でも、入れるかどうかとても心配です。
木　村：経済学部や商学部は受験者が多いから大変ですね。あなたはもう、どの大学を受けるか決めましたか。
マリア：いいえ、まだ決めていません。これから先生と相談したり、大学案内を調べたりして、決めたいと思います。
木　村：そうですね。大切なことですから、よく考えて決めてください。何か相談したいことがあるときは、いつでも電話をかけてください。
マリア：はい。よろしくお願いいたします。

（新しい漢字）
保証人　夏休み　八月　北海道　新聞　国立
学部　受験　心配　大変　決める　相談　調べる
考える　電話

（新しい読み方）
六か月　上手　話す　受験　大変

—90—　　—91—

国際学友会日本語学校[35]（1998）『進学する人のための日本語初級（第3版）』国際学友会

36　｜　第1章　作る前に

文化庁文化部国語課（1983）『中国からの帰国者のための生活日本語』文化庁

日本フィリピンボランティア協会（2005）『介護の日本語』日本フィリピンボランティア協会

第4節　教科書開発のこれまで、および現状 ｜ 37

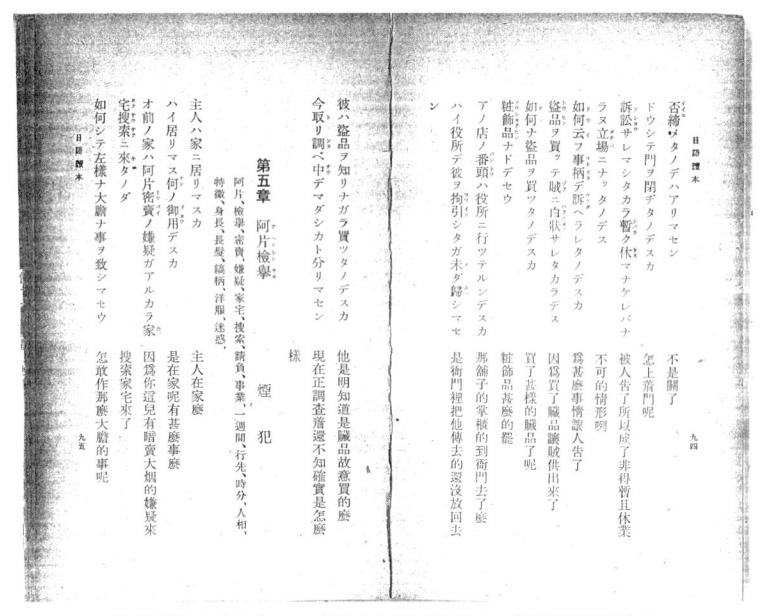

満州国警察協会（1937）『警察用語日語読本』満州国警察協会

dは、教科書の本冊が言語別（その多くは英語版）になっているものと本冊は日本語だけで別冊として本冊の「他言語訳版」（英、仏、中など十数言語）が付いているもの（『新日本語の基礎Ⅰ・Ⅱ』『みんなの日本語 初級Ⅰ・Ⅱ』など）があります。学習者の母語が「漢字圏」か「非漢字圏」かに二分されることもありますが、教科書が「漢字圏用」「非漢字圏用」に分けて出版されることはあまりありません。理想的には言語別に対照言語学の研究成果等をもっと取り込み、個々の学習者のバックグラウンドやニーズに対応した多様な教科書が作られるべきでしょう。しかし、実際に刊行するには費用対効果の点などから容易ではないのが現実です。ハリデー、マッキントッシュ、ストレブンズ著、増山訳注（1977：223-224）もその必要性を論じてはいますが、経済的理由で実現できないことを嘆いています[36]。

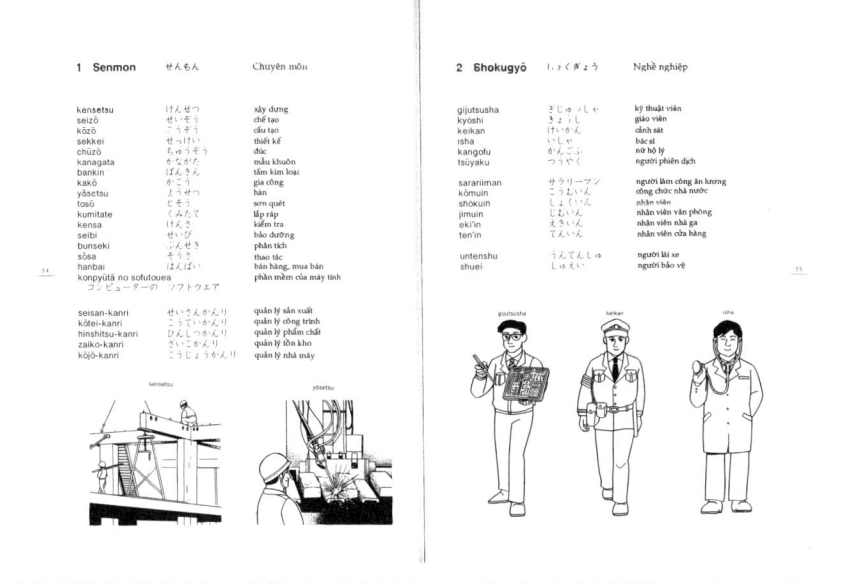

海外技術者研修協会（1997）『SHIN NIHONGO NO KISO I（ベトナム語訳）』スリーエーネットワーク

②初級、中級、上級等どのレベルを想定しているか

　教科書の多くは「初級」「中級」「上級」など、どのレベルの学習に適合するものかを書名で示しています。英語版では「初級」は「BASIC」「ELEMENTARY」「BEGINNING」など、「中級」は「INTERMEDIATE」、「上級」は「ADVANCED」などが使われます。しかし、このようにレベル分け（級分け）をした呼称が用いられているからといって、各「級」の間に明確な線引きがなされているわけではありません。「初級から中級へ」とか「中級から上級へ」といったサブタイトルを添えた書名が見られるのもそのためです。古くは、編著者が教育経験を活かして「中級はだいたいこの程度だろう」と文法や語彙のレベルを想定して作られたものも多かったのですが、日本語能力試験（1984年より実施）[37]の1級から4級までの設定基準が公表されてからは、その基準にならって、あるいは参考にして「レベル」を設定し、書名が付けられることが多くなりました。一方、『日本語中級J301』『日本語中級J501』のように、「初級300時間（あるいは初・中級500時間）の学習を

第4節　教科書開発のこれまで、および現状 | 39

終えた人が 301(501)時間目から学ぶための教科書」と学習時間を目安に「級(学習段階)」を設定した書名もあります。「初級」「中級」「上級」といった呼称はあくまでも目安です。

スリーエーネットワーク (2012)『みんなの日本語 初級Ⅰ 第2版』スリーエーネットワーク

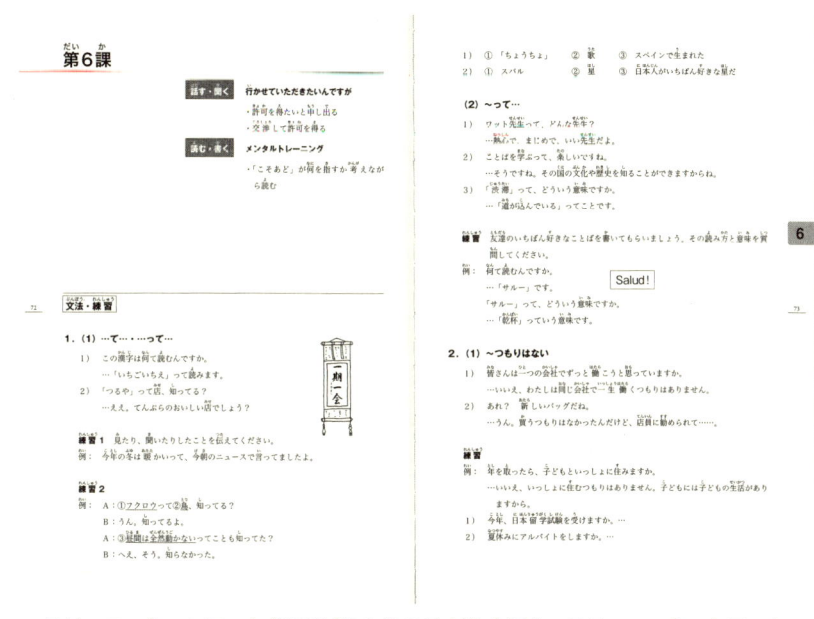

スリーエーネットワーク（2008）『みんなの日本語 中級Ⅰ』スリーエーネットワーク

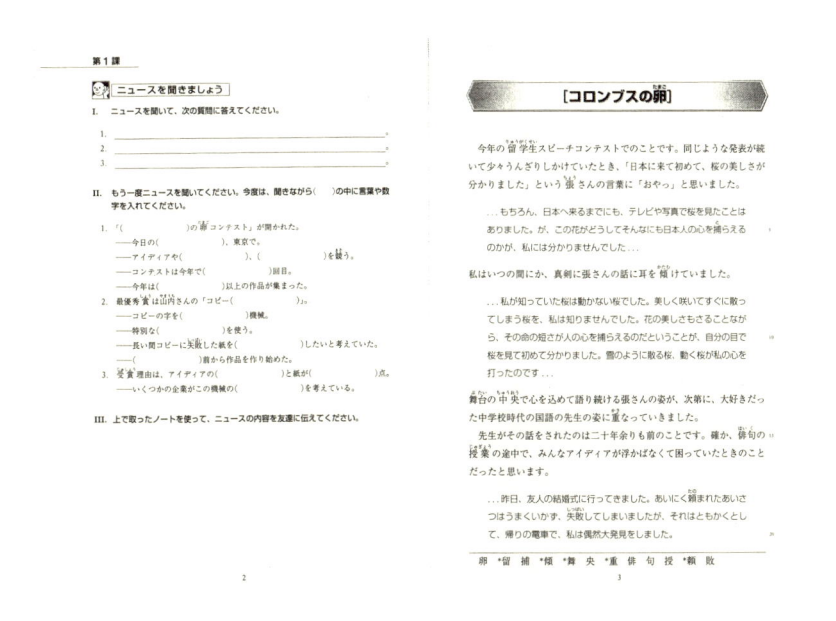

松田浩志・亀田美保・田口典子・阿部祐子・桑原直子（2006）『テーマ別 上級で学ぶ日本語 改訂版』研究社

第4節　教科書開発のこれまで、および現状 | 41

③「聞く」「話す」「読む」「書く」の４技能のどれを重視しているか

　外国語（または第２言語）として日本語を学ぶ場合、４技能のうちどの技能から始めなければならないという定石はありません。また、教科書は４技能すべてを扱わなければならないというものでもありません。基本的には、学習者のニーズ、学習目的に応じて学べればよいし、教えられればよいわけです。したがって、教科書には「聞く」「話す」を中心に編纂されたものもあれば、「読む」だけ、あるいは「読む」「書く」だけに絞って編纂されたものもあります。人と人とのコミュニケーションを行うとき、「聞く」「話す」「読む」「書く」のような単なる４技能だけでなく、そのときどきや場面に応じて臨機応変に対応する能力（わからないときに聞き返す、問題が生じたときにその解決策を講じることができる、表情・身振り手振りなどの手段を用いてなんとかコミュニケーションを図ることができる、など）も欠かせません。そうした「伝達能力」（communicative competence）が身に付けられる教科書かどうかということも重要なポイントとなります。さらに、「伝達能力」向上のためには日本の社会・文化・習慣などを理解し、それに応じた言語行動と非言語行動が取れるという「文化能力」（cultural competence）が身に付く教科書であるかどうかも無視できません。

　教科書を選ぶ際にも、作る際にも、「聞く」「話す」「読む」「書く」の４技能の他に、「伝達能力」や「文化能力」も視野に入れておかなければなりませんが、それも結局は学習者のニーズや学習目的を抜きにしては考えられないことであって、そのときどきの流行や物珍しさだけで教科書を選ぶことがあってはならないでしょう。

12 あいさつの思わぬ効果

聞くまえに

日本の町は、ところどころに交番があります。交番には警察官がいて、地域のパトロールをしたり、迷子の子どもの世話をしたりして、わたしたちの安全な生活のために役立っています。

わたしたち日本人は交番の警察官のことを、親しみを込めて「おまわりさん」と呼んでいます。この話は自転車泥棒とおまわりさんの話です。

＊＊ことば＊＊

交番　地域　安全　親しみにくい　迷子の人たち　予想もしない
自転車泥棒　役立つ　声をかける　さわやかな　効果　意外　態度
目を合わせる　怪しい人　気恥ずかしい　思わぬ効果が出る

聞きましょう

I. 交番のおまわりさんについての話を聞いてください。（CD29）
次に質問を聞いて、正しい答えを1つ選びなさい。（CD30）
1.（a　b　c）　2.（a　b　c）

II. はじめに質問を読んでから、もう一度話を聞いてください。（CD29）
質問の答えを記述しなさい。

1. 警察官に対して、どのように感じている人が多いですか。
   警察官はこわいとか、＿＿＿＿＿＿＿と感じている人が多いです。

2. 警察官は毎朝だれにあいさつしていますか。
   警察官は毎朝、通勤や通学で＿＿＿＿＿＿＿人たちにあいさつしています。

3. 自転車を盗んだ人たちは、警察官があいさつするとどんな態度をしますか。
   警察官があいさつすると、返事もしませんし、警察官と＿＿＿＿＿＿＿ようにします。
   交番に気がつくと、急に＿＿＿＿＿＿＿人もいます。

聞いたあとで

あなたは、警察官や交番にお世話になったことがありますか。その時、警察官の態度はどうでしたか。話してください。

宮城幸枝・三井昭子・牧野恵子・柴田正子・太田淑子（2003）『毎日の聞きとりPLUS40（上）』凡人社

くわしく学ぼう

1. 許可を求める表現

(1) 目上の人や親しくない人に許可を求めるとき

会話1　トラックNo.1
状況：ソヨンは会社員です。上司の鈴木課長に話しかけました。

ソヨン――すみません。来週の金曜日お休みさせていただきたいのですが、よろしいでしょうか。
鈴木――うーん…。いいけど何かあるの？

会話2　トラックNo.2
状況：ヨハンは学生です。授業中、先生に話しかけました。

ヨハン――先生、まぶしいのでカーテンを閉めてもいいですか。
先生――あっ、いいですよ。どうぞ。

目上の人や親しくない人に許可を求めるときの基本フレーズは、次の3つです。

```
「～(さ)せてもらえますか」
「～たいのですが、いいですか」
「～て（も）いいですか」
```

基本フレーズをより間接的な形にするには、次のような方法があります。
・謙譲語や敬語に変える　　例）もらう→いただく　いい→よろしい
・否定的な表現に変える　　例）ます→ません
・断定を避ける表現に変える　例）です→でしょう
・使役＋やりもらいに変える　例）お休みしたい→お休みさせてもらう

これらの方法を多く使ってより複雑な表現にするほど、より間接的になります。相手の上下差が大きかったり、よく知らない相手であるほど、または、親しい関係であっても、許可してもらえる可能性が低いとき相手にかかる迷惑が大きいときには、より間接的な表現を選びます。
このようにしてできた表現のうち、よく使われるものは次のとおりです。

```
お休みさせていただきたいのですが、よろしいでしょうか。
お休みさせていただけますでしょうか。
お休みさせていただけますか。
お休みさせていただけますか。
お休みさせてもらえませんか。
お休みさせて（も）いいですか。
```

練習
相手との関係や相手にかける迷惑の大きさに注意して、許可を求める表現を考えましょう。
① あなたは、アルバイト中に気分が悪くなったので、上司に早退の許可を求めます。
② あなたは、教授に相談するため、明日、研究室に行く許可を求めます。
③ あなたは、週末に友達を家に招待したいと思っています。ホームステイ先のお母さんに許可を求めます。

(2) 対等・目下で親しい人に許可を求めるとき

会話3　トラックNo.3
状況：ウェイとロティスはクラスメイトです。来週の授業でグループ発表の準備をしています。ウェイがロティスに話しかけました。

ウェイ――ねえ、ちょっと飲み物取りに行ってもいい？
ロティス――うん。あっ、じゃあついでに私の分もお願いしていい？

会話4　トラックNo.4
状況：リーザとえりかは大学生の友達同士です。リーザがえりかに話しかけました。

リーザ――ねえねえ、これからえりかのうちに遊びに行ってちゃだめかな？
えりか――えーっ。すごく散らかってるから無理！

清水崇文（2013）『みがけ！コミュニケーションスキル 中上級学習者のためのブラッシュアップ日本語会話』スリーエーネットワーク

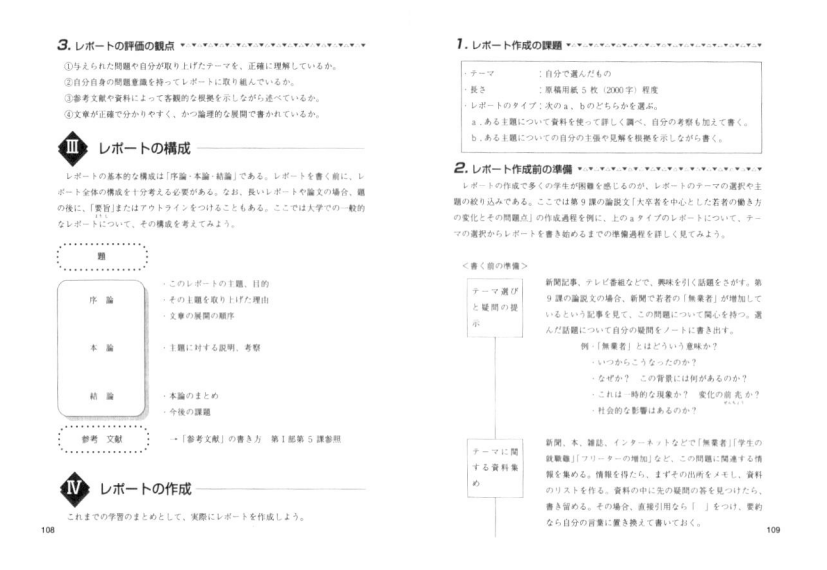

二通信子・佐藤不二子（2003）『改訂版 留学生のための論理的な文章の書き方』スリーエーネットワーク

④構造シラバス、場面シラバス、機能シラバス、話題シラバス等のうちどのシラバスを採用しているか

　教科書がどのシラバスを採用しているかは、とりもなおさずその教科書が何を目指しているか、③で挙げた「言語能力（４技能）」「伝達能力」「文化能力」のどれを重視しているかを示していることにもなります。かつては、構造シラバスだけの単一のシラバスで成る教科書が多かったのですが、最近では２〜３種類のシラバスを組み合わせた複合シラバスも多く見られます。上記の他に、タスクシラバス、スキルシラバスといったものもあります。しかし、それらをすべて取り込んでシラバスを構築しようと思っても、学習者の期待に応えられる教科書にはならないでしょう。教科書の目指すところが見えなくなるからです。特別に美味しくもない料理を何種類も食べさせられるよりも、美味しい料理を１品だけ食べるほうが満足できるように、過剰な複合シラバスではかえって学習者の信頼感が得られないことになります。教師には「何を教えるか」よりも「何を教えないか」を的確に判断できる力も

求められるゆえんでもあります。

　筆者の経験からも、教科書はあれもこれもと欲張ったものより「ある信念をもって何かを選び何かを捨てている」もののほうが学習者にも教師にも支持されるようです。

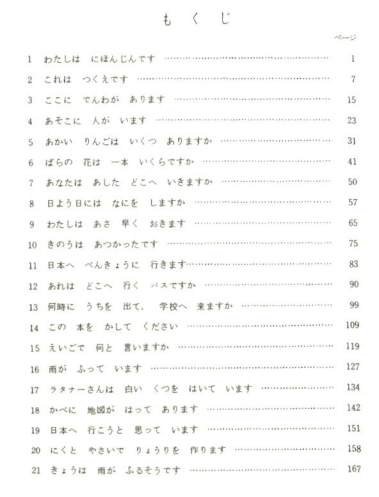

[構造シラバスの例] 国際交流基金日本語国際センター (2007)『日本語初歩 (改訂版第22刷)』(初刷 1985) 凡人社

［機能シラバスの例］海外技術者研修協会（2000）『新日本語の中級』スリーエーネットワーク

［複合シラバスの例］筑波ランゲージグループ（1991）『SITUATIONAL FUNCTIONAL JAPANESE VOLUME ONE：DRILLS』凡人社

⑤どのような教授法に依拠しているか

「教授法」と似た用語に「メソッド」「アプローチ」があります。「教授法＝メソッド」として、それを「教室ですべきこと、すべきでないこと、注意すべきこと」などのような「具体的な教え方」であると規定することができますが、日本語教育界全体ではまだそのように統一して認識されているとは言えません。また、「アプローチ」は教授法を包括する上位概念の抽象的用語として、「教え方の理念、基本的な方針や考え方」だと解されますが、これまた厳密な共通認識が得られているとは言えません。いずれにしても、教科書の歴史を見れば、一つ一つの教科書はその時代に最良と思われた（あるいは持て囃された）教授法やアプローチの影響を多かれ少なかれ受けています。ある教授法やアプローチに沿って教科書を編集することは、教師や学習者にその教科書を適切に使ってもらうためにも必要なことではあります。しかし、この世の中に万能薬がないのと同じように万能の教授法やアプローチはないと考えたほうがよいでしょう。つまり、教科書を選ぶ際にも、作る際にも、一つの教授法やアプローチに固執する（その他の教授法やアプローチを排除する）ことは避けるべきです[38]。

［文法訳読法の例］森有正（1972）『日本語教科書』大修館書店

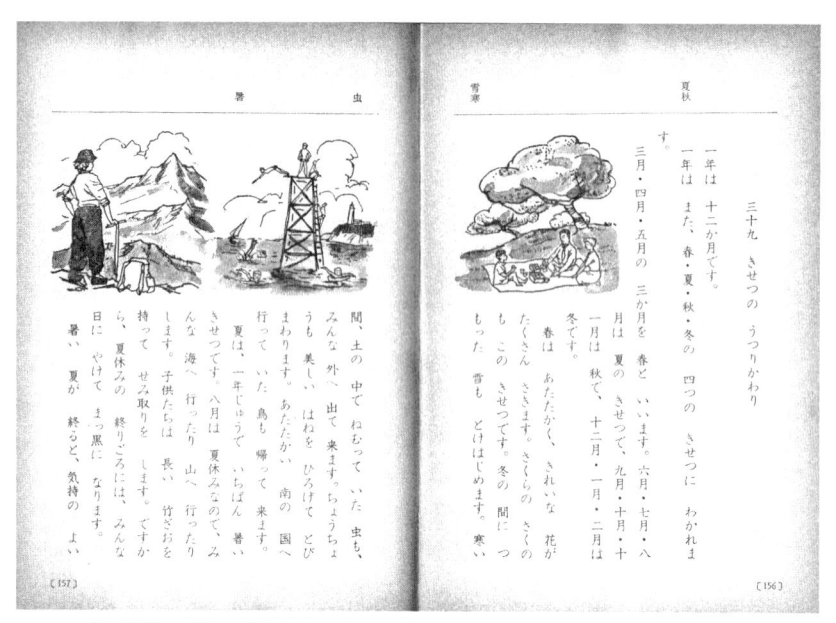

[直接法の例] 国際学友会日本語学校（1957）『日本語読本 一』国際学友会

[オーディオリンガル・メソッドの例] 国際基督教大学語学科日本語研究室（1982）『Modern Japanese for University Students: Part 1（第 12 刷）』（初刷 1963）ICU Bookstore, Inc.

48 ｜ 第 1 章　作る前に

⑥対訳付きか、対訳なしか

「教科書に対訳を付けるか、付けないか」は、⑤の教授法に大きく関わる問題です。日本語教育の歴史の中でも「文法訳読法」と「直接法」は長い間の対立軸でした。「一つの教授法やアプローチにだけ固執することは避けるべきだ」と既に述べましたが、「日本語教授法に唯一・最善はない」という考えはかなり古くからありました。ロドリゲス（João Rodriguez）(1561-1634)は今から400年ほど前に、日本語の学習と教授にふさわしい方法には大きく2つの方法があるとし、今日言うところの「直接法」と「文法訳読法」の2本の基軸を認め、両者それぞれに長所と短所があることを指摘しています[39]。時代は下って、チェンバレン（B. H. Chamberlain）[40]（1850-1935）も、"A Handbook of Colloquial Japanese"(1889)という対訳付きの文法中心の日本語学習書を著しながらも、直接法的な自然な日本語習得法の効用を認めています。アジアにおける日本語普及政策が国家的規模で推し進められるようになった1940年代前半には、対訳を用いることの是非について論争が起きたこともありました。日本の植民地における日本語教育は直接法でなければならないと主張する山口喜一郎(1872-1952)[41]の支持者と、満州で速成式教授法（直接法を柱にして適宜対訳を採り入れる折衷法）を実践していた大出正篤(1886-1949)[42]が雑誌『日本語』（日本語教育振興会発行）[43]誌上で行った教授法論争[44]は特に知られています。この論争は、勝敗が決したわけではありませんが、満州においては対訳付きの教科書が次々に刊行され、使用されました。松宮弥平(1871-1946)[45]も自著『日本語教授法』(1936)で、対訳法では、学習者が日本語で考えられるようになる能力を獲得することができないとして「直観的方法」（すなわち直接法）を提唱しながら、その後に出版した教科書『日本語会話』(1936-1938)には、本文・語句・例文に逐一対訳を付すという便法を講じています。長沼直兄[46]の修正直接法も必要に応じて文法訳読法を採り入れた折衷法であり、鈴木忍[47]も、その場その場でいろいろな教授法を適用したとして、決して非難されるべきではないし、主義方針がないなどといわれる筋合いのものでもない[48]と述べています。このように、ロドリゲスから鈴木忍まで歴史に残る教科書を作った先人たちの言説をたどってみると、あるいは今日使われている日本語教科書には対訳（文、文章の訳、語彙の訳）が付されたものが圧倒的に多

い事実を見ると、「教科書に対訳が必要か否か」[49]に対する答えは明らかです。

松宮弥平（1942）『日本語会話　巻１』（第３版）日語文化学校

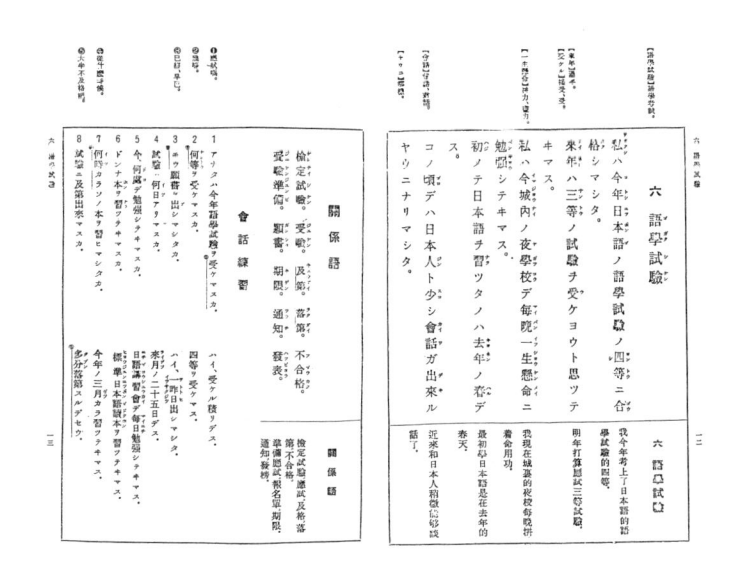

大出正篤（1937）『効果的速成式標準日本語読本　巻2』満州図書文具株式会社

⑦その他

　教科書のタイプを決定づける要素ではありませんが、教科書の使いやすさに直結し、教科書を選ぶときのチェックポイントとなることとして、次のような項目が挙げられます。これらの項目はとりもなおさず教科書を作る際に検討すべき重要なポイントにもなります。

・想定している学習時間
・表記、ふりがなの付け方（横書きの場合上ルビか、下ルビか）
・イラストや写真、レイアウト[50]
・関連教材（学習語彙リスト、文法解説、文字＜ひらがな・カタカナ・漢字＞の練習帳、CD等の音声教材）の有無
・教師用マニュアルの有無
・値段　など

(注 1) あることを学習してできるようになるためには、それについて知っていて説明できる知識（宣言的知識）と、それを使って実行する知識（手続き的知識）の 2 種類の知識が必要とされます。
(注 2) 詳しくはライトバウン、スパダ著、白井・岡田訳 (2014) を参照してください。
(注 3) 近年、言語教育でしばしば取り上げられる CEFR (Common European Framework of Reference for Languages：ヨーロッパ共通参照枠) も文字の問題には触れていません。
(注 4) 詳しくは本シリーズの『漢字教材を作る』加納千恵子ほか著 (2011) を参照してください。
(注 5) 括弧の中の数字は図 1 の各要素の番号を示します。
(注 6) 近年では、さらにコミュニケーションの科学としての社会学を加えるのが一般的でしょう。
(注 7) 図中の教科書は大まかな系譜を示すために、夥しい数の教科書のなかからその一例（代表的なもの、特徴的なもの）を取り出したものであり、知名度の高い教科書であっても紙幅の制約上ここでは取り上げられなかったものが少なくないことをおことわりします。なお、この図は新内康子氏との共同研究「日本語教科書の系譜」により作成したもの（新内 (1995)）を一部修正したものです。
(注 8) 1866-1945。静岡県出身。1903 年に勤務していた佐賀師範学校を退職し、嘉納治五郎が創設した宏文学院で中国からの留学生に日本語を教え始めました。教えた学生の中には魯迅、秋瑾をはじめ、のちに中国の変革に大きな役割を果たした多くの青年たちがいます。
(注 9) 中国からの留学生が日本国内の高等教育機関に進学するための予備教育を行いました。
(注 10) 1970 年頃まではこの教科書の複製版が台湾で刊行・使用されていました。筆者の手許には台北の華聯出版社から刊行された『日語肯綮大全』（中華民国五十七年＝西暦 1968 年）があります。
(注 11) 本節 2. の記述内容の多くは久津間・関 (2007) に依拠しており、資料の収集・整理・分析は久津間幸子氏によって行われたものです。なお、文献・資料からの引用文は、読みやすくするために漢字片仮名交じり文を漢字平仮名交じり文に、歴史的仮名遣いを現代仮名遣いに、旧字体を新字体に変えてあります。ルビは筆者によるものです。
(注 12) 講道館所蔵の「宏文学院関係資料」。
(注 13)「隣邦留学生教育の回顧と将来」『教育』第 7 巻第 4 号　岩波書店
(注 14) 1871-1923。山形県出身。1899 年に中学校教師を辞し、嘉納治五郎創設の亦楽書院（宏文学院の前身）で中国からの留学生に対する日本語教育にたずさわりました。主著に『高等日本文法』(1908) があります。
(注 15) 1878-1935。静岡県出身。1905 年、28 歳のときに、三矢重松の推挙により宏文学院の教師になりました。1913 年には中国人留学生教育のために日華学院を創立しました。中国人の日本語学習のために編集した『漢訳日本口語文典』(1907) には、今日の「日本語教育文法」の先駆けとも言える「文法解説」が随所に見られます。詳しくは関 (1997)、関 (2008) を参照してください。
(注 16) 1860-1938。兵庫県出身。1882 年に柔道の普及のために講道館を創設。第一高等中学、東京高等師範学校の校長等を歴任しました。
(注 17) 1878-1911。岡山県出身。諸星 (2006) によると、宏文学院在職期間を挟んで 1901 年と 1905-1908 年に中国（清朝末期）に滞在しているということです。

(注18) 生没不詳。『国書解題』(1897-1900 に刊行) の編者。

(注19) 1871-1939。福島県出身。1905 年に宏文学院に着任。1915 年に神社宮司になっています。以上、諸星 (2006) によります。

(注20) 鶴田健次郎とも。生没不詳。山梨県出身。諸星 (2006) によれば、1905 年に国学院卒業後、間を置かず宏文学院の教師になったようです。

(注21) その多くは国学院の出身者で占められています。このことに関して、諸星 (2006) は各教師の経歴を追うことによって、その背景や理由を探っています。

(注22) 注は筆者によるものです。

(注23) 「適切」の書き誤りと思われます。

(注24) 清国の人。

(注25) 普通によく使う語。

(注26) 「第」の書き誤りと思われます。

(注27) □□にある文字は読み取れません。

(注28) 「はさむ」の書き誤りと思われます。

(注29) 書き込みは「相説」と読めますが、文意からは「相談」の可能性が高そうです。

(注30) 漢字片仮名交じりの原文を筆者が漢字平仮名交じり文に変えてあります。

(注31) 国語辞書『言海』の編纂で知られる大槻文彦 (1847-1928) は、口語法調査にもたずさわりました。『口語法別記』は彼が主査として作成した文部省国語調査委員会編『口語法』(1916) の解説編です。

(注32) 松岡 (2002：106) は、今から 350 年以上も前の近代教育学の父ヤン・アモス・コメンスキー (Jan Amos Komensky：ラテン名 コメニウス) (1592-1670) から何を学ぶべきかを論じ、次のように述べています。「コメニウスには、部分から全体を目指す総合的アプローチと、経験から一般へと向かう分析的アプローチとがあった。この二つは、事実界と理念界の異なる軌道の上を互いに逆方向に走り、そしてある時点で交差し、それぞれの中身が乗り移り、乗り変わる、あるいは一つとなる、そのようなものとして存在していた。このことはコメニウスにとっては、取り立てて強調する必要もないほど自明のことだったに違いないが、現代に生きる語学教育者としての我々は、十分に意識しておくことが必要のように思われる。」このことを敷衍すれば、本節 1. で述べた「教科書には日本語教育に関連する周辺諸科学の研究成果が反映されてはいるが、それらは単なる借り物ではなく、それを応用し、理論から実践へ、実践から応用へと分析・総合しながら成し得たものである」ということになります。

(注33) その代表的なものにジョアン・ロドリゲス (João Rodriguez) 編著の『日本大文典 (Arte da Lingoa de Iapam)』(1604-1608) があります。フランシスコ・ザヴィエル (Francisco de Xavier) 一行が来日してから約 40 年後、巡察師のアレッサンドロ・ヴァリニャーノ (Alessandro Valignano) が 2 度目の来日時に活版印刷機を持ち込んだことが教義書や日本語学習書の印刷・出版を促進したと言われています。

(注34) 国際交流基金編 (1983：3-9) を参照してください。

(注35) 国際学友会日本語学校は、2004 年の改組で、日本学生支援機構東京日本語教育センターへ名称が変更されました。

(注36) 個別の教育事情に対して、それに最も適当した教授項目 (syllabus) と教材 (teaching material)

を用意すべきであるが、経済的理由で実現できないとして次のように述べています。「1つの教程を刊行するには、たくさんの費用がかかるものである。そして発行者には、自分が投資するに値するほど十分な数の学習者集団に、それが適当したものであるという保証が必要なのである。また、各学習者集団の特殊な必要 (needs) を反映する教科書を用意するためには、それぞれ特殊な必要がいったいどんなものであるかを、まずだれかが詳細に分析してみなければならないのであるが、それをやった経験と、また、やる時間のある人はほとんどいない、という障害があった。なかんずく最も明白な専門化 (specialization) は、ウルドゥ語 (Urdu) の話者のための英語、スペイン語 (Spanish) の話者のための英語、等々のように、個々の母語を話す学習者に適合した教程という方針にそったものであった。しかし、この種の教程を書くにあたっては、教科書作成者で持っている人はほとんどいないほど高度な言語学的素養が、要求されたのであった。」このように述べたあと、外国人対象の英語教育においてこの種の専門化の必要を早くから認めた人がいたとして、パーマー (H. E. Palmer) とホーンビー (A. S. Hornby) を挙げています。

(注37) 2010年からはそれまでの日本語能力試験に代わって新たな日本語能力試験が実施され今日に至っています。この試験では、旧試験の1〜4級を5段階 (N1〜N5) に分け、N1は旧1級よりもやや高めのレベルまで押し上げ、旧2級と3級の間にN3のレベルを一段階加えた形になっています (以上の情報は2008年に首都大学東京で開かれた日本語教育学会春季大会で配布された「第2回日本語能力試験改定中間報告」日本語能力試験改善に関する検討会、国際交流基金・日本国際教育支援協会によります)。

(注38) 丸山 (1989) は、当時の日本語教育界が「文法・文型」重視の教材から「コミュニケーション」重視の教材へと大きくシフトしようとするなかで、次のように冷静にコメントしています。「現在、次々に出版される教材を見ると、『文法・文型』型の教材から『コミュニケーション』型の教材へと大きく振り子が揺れ、またこのような言い方はしないとか、古めかしいなどという『文法・文型』型の教科書に対する批判がしばしば聞かれる。しかしながら、そうした批判の多くは、『文法・文型』型の教科書に『コミュニケーション』型の指導を求めるからのようである。逆に、『コミュニケーション』型の教科書に『文法・文型』型的な総合的な指導を求めたのでは、満足な結果が得られるはずがない。教師は、その教材の特長と限界とを、十分、心得ておかねばならない。」なお、日本語教育史研究の立場から教授法にはこれが唯一とか最善ということはないと論じたものに関 (2002) があります。

(注39) ジョアン・ロドリゲス著、池上岑夫訳 (1993) によります。

(注40) イングランド出身。1873年に来日、1886年に帝国大学博言学科の教授に招聘され、のちの国語学者上田万年、芳賀矢一、英文学者岡倉由三郎らに教えました。

(注41) 在台湾14年の間に、グアン (F. Gouin) の教授法を応用した直接法を開発し、台湾を皮切りに1945年敗戦の年まで「朝鮮」「関東州」「満州」等で日本語教育界の指導的役割を果たしました。編纂した教科書に『日本語話方入門』上下巻 (1939-1941) があり、主著に『日本語教授法原論』(1943) があります。

(注42) 大出は漢城師範学校附属普通学校 (のちの京城師範学校) で山口喜一郎主事のもと、国語主任として勤務し、その後奉天 (現在の瀋陽) に移り日本語研究所を設立しました。彼が編纂にたずさわった教科書には『効果的速成式標準日本語読本』全4巻 (1937-1942)、『鉄路日

語会話』(1934)などがあります。
- (注43) 日本語教育振興会は1940年に日語文化協会内に設立されましたが、1941年に文部省の外郭団体として同省内に移されました。日本語普及に関する調査研究、教科書の編纂・出版、日本語教育の振興に関する機関誌の発行などさまざまな事業を行いました。『日本語』は月刊で1941年4月に発刊、戦局の悪化に伴い1945年の1月号をもっく以後廃刊となりました。
- (注44) 関(2000)で、その論争から浮き彫りになってくるものを論じています。
- (注45) 山口喜一郎を「外地」での日本語教育で指導的役割を果たした理論派の代表とするならば、それとは対照的に一貫して日本国内(東京外国語学校内に設置された日語学校<のちの日語文化協会>など)で日本語を教え、その積み重ねによって実践的教授法を編み出したのが松宮弥平です。
- (注46) 1923年に文部省語学顧問のパーマー(H. E. Palmer)と英語教授研究所を設立しましたが、同年、米国大使館で日本語を教え始め、その10年後には『標準日本語読本』全7巻(1931-1934)を作成しました。1941年には日本語教育振興会の理事に就任し種々の調査や教材の開発にたずさわりました。戦後も、いったん解散した日本語教育振興会を新たな組織として引き継ぐ形で設立した言語文化研究所の理事長に就任し、同研究所の附属東京日本語学校校長(1948-1964 ただし、1957-1962に休職)を務めながら『(再訂)標準日本語読本』全5巻(1964-1967)を刊行しました。この教科書は1980年頃まで国内外で広く使われました。
- (注47) 戦前・戦後を通して国際学友会で日本語教育の教壇に立ちました。1970年にその創設と同時に東京外国語大学附属日本語学校に教授として転出し、戦後日本語教育復興期、1960-1970年代の日本語教育の発展に大きく寄与しました。編纂(共編)した教科書に『日本語読本』全4巻(1957)国際学友会日本語学校刊、『日本語Ⅰ・Ⅱ・Ⅲ』(1973-1976)東京外国語大学附属日本語学校編などがあります。
- (注48) 鈴木(1981)。
- (注49) 中級・上級では不要、または必要最小限にとどめるべきだという考え方もあります。
- (注50) 写真やイラストなどの配列には細心の注意・工夫が必要ですが、「余白の処理」も軽視してはなりません。3分の2ページ、半ページの余白が生じると「もったいないから」と字数(例文や問題など)を増やして埋めようとしがちです。しかし、安易な埋め草的処理はしないほうがよいでしょう。余白があることによってむしろ学習者は学習量の負担感から解放され「ほっとする」ことも少なくないのです。教科書編集においてはむしろ「余白の効果」を積極活用すべきです。詳しくは第2章第2節7.を参照してください。

第 2 章

作る

第1節　『日本語中級J301 ―基礎から中級へ―』の編纂プロセス

　教科書は、個人の手によるものと複数の編著者によるものとに二大別されますが、どちらかといえば後者のほうが学びやすく使いやすく、より多くのユーザーに支持される傾向があるようです。とはいっても、寄せ集めの集団で作った教科書には失敗作と見られるものもあります。その原因の一つとして理念の共有がなされていないことが考えられます。また、日本語教授法の著名な研究者とか日本語教育の経験豊かな専門家だけで編成されると、野球の守備に喩えれば、ピッチャーだけが多くいて内野手も外野手もいないチームになりがちだからです。ピッチャー、キャッチャー、内野手、外野手がそれぞれの持ち場で能力を発揮できるようなチーム編成にしなければ、目配りのきいた教科書にはなりません。

　筆者がこれまでたずさわってきた教科書編纂は、すべて複数の編著者によるものでしたから、それぞれの個性とチームワークを活かすことに心がけてきました。筆者らが手がけた教科書が、前章でその編集プロセスを見た松本亀次郎編集代表の『日本語教科書』のように、歴史的教科書として後世まで語り継がれるかどうかは今後の評価を待たなければなりませんが、ここでは、『日本語中級J301 ―基礎から中級へ―』（1995）スリーエーネットワーク（この教科書の構成、内容については巻末の**参考資料1**　pp.126-138を参照）の編纂プロセスを、その「楽屋裏」も覗きながら紹介することにします。

　以下、その計画から刊行までを時系列で追う形で示します。

1993年

3月　11日

　　鶴尾能子（以下、鶴尾と略す）と関正昭（以下、関と略す）が新しい教科書作りに向けて話し合う

> 鶴尾は出版社（スリーエーネットワーク）に勤務し教材開発を担当。関は大学（鹿児島女子大学）教員。日本語教育歴はこの時点で鶴尾は23年7ヶ月、関は22年。2人は（財）

> 海外技術者研修協会（AOTS）で技術研修生に日本語を教えていたかつての同僚（先輩と後輩）。技術研修を終え母国で働いている帰国研修生に対する実態調査（「習った日本語は職場で役立っているか」などについて1976年にタイ、マレーシア、シンガポール、インドネシアで訪問調査）を共同で行ったこともある。この調査結果の概要は鶴尾・関・石渡（1977）で発表されている。なお、同協会は、1959年に設立されて以来半世紀以上にわたり、アジア・アフリカ・ラテンアメリカを中心とする国・地域から技術研修生の受入研修事業を行い、日本語教育にも力を注いできた。2012年3月には（財）海外貿易開発協会（JODC）と合併し、（財）海外産業人材育成協会（HIDA）として新たな歩みを始めた。

＜話し合ったテーマ＞
・日本国内における日本語教科書の開発の現状
・既刊教科書の販売シェア、日本語教育機関における教科書使用の動向
・既存の教材に対する意見の交換

> この時点で、日本国内で市販されていた日本語教科書は約600種。初級・中級・上級の割合は次のとおり。
> 　　　初級　60％
> 　　　中級　35％
> 　　　上級　 5％
> 既刊の中級教科書の評価とそのマーケット・シェアについても情報交換・意見交換を行う。

・望まれる教材

> ブレーンストーミング的話し合いの中で、今後開発すべき教材に関して取り上げられた項目は次のとおり。
> 　・初級から中級への橋渡し教材の需要
> 　・読み書きの学習への重点化
> 　・書き言葉と話し言葉の使い分け
> 　・複合助詞と複合助動詞のシラバス化
> 　・「文型」と「文章の型」を読解教材でどのように提示するか

・新しい教科書を開発するとすれば、どのレベルの、どのような教科書を、どのような体制とメンバーで、どのような方法によって、いつからいつまでに行うか

> 編集・執筆のメンバーについてはお互いに腹案を提示。どのような教科書をどのような方法で作るかといった具体案については、結成されたメンバーによる1回目の会議で話し合うことにする。

3月　・関が編集執筆チームの編成を開始
▼　　・候補者に鶴尾と話し合ったことを伝えて交渉する
4月　・メンバー決定　鶴尾(出版社編集事務も兼務)、関、土岐哲(以下、土岐と略)、平高史也(以下、平高)、新内康子(以下、新内)、萩原弘毅(以下、萩原、出版社編集事務を担当)

> 土岐、平高、関は東海大学のかつての同僚。土岐は大阪大学に勤務、音声指導に関して研究・実践両面で業績豊富。平高は慶應義塾大学に勤務、ドイツ語教育・日本語教育が専門。社会言語学、読解のストラテジーに関する知見が豊富。新内は鹿児島女子大学に勤務、日本語教科書の系譜について関と共同研究を行っている。関は愛知教育大学に勤務の後 1991 年から新内と同じ大学に勤務。

5月　・鶴尾が企画書を作成

> 企画書の主な項目
> ニーズ、レベル別目標、読む・書く、文法、語彙・表現、漢字、音声、出版社としての戦略、制作のポイント、執筆者、執筆要領、仕様、印刷、予定部数、予定価格、発行日、費用、参考資料、編集会議の予定

6月　**第1回会議**
　　・編集執筆チームの顔合わせ
　　・企画書についての説明、意見交換、出版契約などを行う

> 次回会議(第2回会議)までに、どんな教科書を作りたいか各自「構想」を練り、案を持ち寄ることにする。

8月　**第2回会議**
　　1日目
　　・打ち合わせ、議事進行に関しての留意点の確認

> 第2回会議で必ず決めるべきこと
> 　1. どのような教科書か(コンセプト、構成、仕様、対象)
> 　2. どのように作るか(作業手順)
> 　3. 誰が作るか(分担)
> 　4. いつまでに作るか(原稿締め切り、刊行予定日)

　　・これまでの日本語教科書の変遷について振り返る
　　2日目
　　・教科書のイメージについて話し合う
　　・教科書のコンセプトを固める

> - 哲学のある教科書に
> - 認知、コミュニケーション、表出メディアとしての言語の側面を考慮する。すなわち、心・社会・創造に科学性を持たせ、それを教育の場に持ち込む
> - 文型に加えて「文章の型」を前面に
> - 教師用マニュアルは、本冊の紙面に指導のポイントなどを書き込む形式で執筆編集する
> - 初級から中級への橋渡し教材として位置づける
> - 教科書名は会議終了後の夕食会で珍案・妙案さまざまなアイデアが飛び出したが、結局『J301』が最有力候補となる

- 全体の構成、各課の構成、授業の流れなどをおおまかにシミュレーションする

> 1. 全体的なこと
>   1)「読む・書く」の能力アップを図る構成・内容に
>   2) 文章の型とその型の図式化を考案する
>   3) 談話の型(講義、講演、レポート、発表など)を分類する
>   4) 教材にする文章のキーワードを押さえる
>   5) 読んでおもしろい内容でなければならない
>   6) 類型を提示する＝類似の例文を提示する
>   7) 問題発見→問題解決へと自律学習のできる教科書
>   8)「読みのストラテジー」が自然に身に付くように、看板・広告・カタログ・本の表紙・ポスターなどの「読み教材」を取り込む
>   9) 扱うテーマはいろいろなジャンルから選ぶ
>   10) 採用した時点では新鮮で話題性のあるものでも、時間が経てばすぐに古くなりそうなものは避ける
>
> 2. 個別・具体的なこと
>   1) 複合助詞・複合助動詞を必須文法事項にする
>   2) 接続語句(接続詞、接続助詞)に注目する
>   3) 書き言葉と話し言葉の差を明示的に示す
>   4) 長文の読解教材を、少なくとも1つは採り入れる
>   5) 習得語彙の拡充を目指す／造語法を提示する
>   ＊この教科書で最も重視すべきは、学習方法、自律学習の要領の体得だということを確認し合う
>
> 3. 全12課で構成、1課10時間として120時間で全課を学習できるものにする(最終的には10課構成に変更)

4. 授業の流れ
   1) プレリーディング(読みの前段階)
   2) おおまか読み
   3) 読みの図式化
   4) 文法・語彙
   5) 口頭発表
   6) 作文

5. 全体の構成(草案)
   序文、目次、学習者のみなさんへ、本文、索引
   (最終的には「学習者のみなさんへ」「目次」「本文」「ためしてみよう」「学習項目一覧」「語彙索引」+「新出語(別冊)」となる)

6. 各課の構成(草案)
   - プレリーディング
   - 語彙表
   - 本文
   - 文章の型の図式化
   - 内容に関するQ&A
   - 文法説明
   - 語の用法練習
   - 作文
   - 口頭発表

7. 収集する文章の種類
   広告文、カタログ、取り扱い説明書、新聞、公的文書(案内・依頼・申請)、大学紹介、入学案内、批評文、報告文、文学作品、エッセイなど

8. 扱うジャンル
   経済、政治、家庭、科学、教育、地域、厚生、福祉、環境、医療、保健など

3日目

・作業手順の確認をする

＜作業手順を第1期と第2期に分ける＞
第1期(前半5ヶ月)
・基礎資料の交換(全員)
・読解スキル・ストラテジーのリスト作成(平高)
・出版社として取り上げたい文法項目一覧作成(鶴尾)
・文法説明のモデル原稿を作成(関)

- 読解教材にしたい「本文」を各自で収集し、1人少なくとも6点を提出する(全員)
- プレリーディング(後に「読むまえに」というタイトルに)案作成(全員)
- 本文のキーワード提示案作成(全員)
- 「文章の型」図式化のサンプル作り(平高)
- 「練習」案作成(全員)
- 本文の学習語彙表作成(全員)
- 下記の参考文献を読む(全員)

 Munby, John(1978)"Communicative Syllabus Design" Cambridge Univ. Press
 市川孝(1978)『国語教育のための文章論概説』教育出版
 内田伸子(1982)「文章理解と知識」『認知心理学講座3　推論と理解』東京大学出版会
 佐久間まゆみ(1985)「文章理解の方法―読解と要約―」『応用言語学講座1　日本語の教育』明治書院
 岡崎敏雄・長友和彦(1989)「スキルシラバスによる読解指導　―スキルシラバスとその指導形式―」『留学生日本語教育に関する理論的・実践的研究』広島大学教育学部
 谷口すみ子(1992)「日本語学習者の読解過程分析」『The Language Teacher』Vol.16 No.5　全国語学教育学会(JALT)
 小出慶一(1992)「クローズ・テストの得点とテキストの難易判定」『The Language Teacher』Vol.16 No.6　全国語学教育学会(JALT)
 尾崎明人(1992)「読解授業と教室の学習ネットワーク」『The Language Teacher』Vol.16 No.7　全国語学教育学会(JALT)
 平高史也(1992)「読書行動から考えるシラバス：学部留学生に対して」『The Language Teacher』Vol.16 No.8　全国語学教育学会(JALT)

第2期(後半2ヶ月半)
- 第1期の作業結果の検討、修正(全員)
- 「口頭発表」(後に「話し合ってみよう」というタイトルに)のタスク案作成(全員で分担)
- 「作文」(後に「書いてみよう」というタイトルに)のタスク案作成(全員で分担)
- 「文法説明」(後に「文法ノート」というタイトルに)作成(関)

- 原稿の書式の確認をする

4日目
- 作業分担、次回会議の日程を決める

10月
- 日本語教育学会参加の機会を利用して集まり、作業の進捗状況について情報交換を行う

1994年

1月　第3回会議

- 13種類の「文章の型」のリスト提示(平高)

  > 下記の13種類。
  > 1. 列挙　2. 対照　3. 既知→未知　4. 原因⇆結果
  > 5. 命題、主張、提示→理由／命題、主張、提示→立証(例示)　6. 問題→解決
  > 7. 全体(総合、広範囲)→部分(細部、限定)　8. 抽象⇆具体(＝演繹、帰納)
  > 9. 主要⇆付加(前置き→本題、本題→付けたし)　10. 目的→手順→結果
  > 11. 事実⇆見解　12. 時間的配列　13. 空間的配列

- 読解用本文案持ち寄り(全員)
- 読解用本文と「あっ、これなに？」(瞬時にスキミングやスキャニングをして読み取りができるような教材で、本課とは切り離して掲載。本書巻末の**参考資料1を参照**)で使用する素材の選定を行う(全員)

  > - 文章のジャンル別にふるい分けをする
  > - 13種類の「文章の型」すべてを扱わなくてもよいことにする
  > - 採用された文章のタイトル、ジャンル、内容、文章の型、文体、字数に関する一覧表を作成
  > - 課の配列は本文(読解教材)の難易度順(字数が少なければ易しいとは限らない)を基本とする
  > - 採用された文章の使用許可とリライトが可能かどうかの問題については鶴尾が対処する
  > ＊文部省検定の教科書の文章は転用ができないことが後日判明する
  > ＊ユーザーの教科書選択の目安としてもらうために、『J301』が学習者のレベルに合致しているかどうか自己診断できるテスト(「試してみよう」)を巻末に載せることにする

- 第4回会議までの分担作業

  > - 選定された文章には描写文がないので、探してくる(全員)
  > - 取り上げる文法事項の洗い出し(関)
  > - 「文法説明」(「文法ノート」)の原稿作成(関)
  > - 「文章の型」図式化(平高)
  > - 図式と関連づけたタスク案作成(平高)
  > - 内容に関する「Q & A」案作成(新内)
  > - 「プレリーディング」(「読むまえに」)の案を、その課に選定された本文の提出者が作成
  > - 「作文」(「書いてみよう」)の案を、その課に採用された本文の提出者が作成
  > - 全課の「口頭発表」(「話し合ってみよう」)の案を作成(土岐)
  > - 全課の語彙、「語の用法練習」(後に「ことばのネットワーク」というタイトルに)の案作成(鶴尾)

- 自己診断テスト(後に「試してみよう」というタイトルに)作成(関、新内)
- 4課ごとの習得チェック問題作成(後に廃止となる)(土岐)

3月　第4回会議

- 前回会議で決めた分担作業結果の持ち寄り
- 本文と「あっ、これなに？」の確定

  読解用本文候補には総計60数本が集められ、最終的には10本に絞り込まれた。50数本が不採用になった理由としては次のようなことが挙げられる。
  - 内容、文法、語彙のレベルで難しすぎる／易しすぎる
  - 文章が長すぎる／短すぎる
  - 文章の型がない、あるいははっきりしない
  - 内容がおもしろくない
  - メッセージがはっきりと伝わる「構成と内容」になっていない
  - 問題発見→問題解決…「気付く」「調べる」「作る」「省みる」といった学習行動につなげられるような内容になっていない
  - 高度な背景知識がないと読み取れない
  - 他の候補とトピック、文章の型、ジャンルが重なっている
  - 他社、他機関から出版された教科書に類似の文章がある
  - 著作権交渉が困難である

- 1課の構成とページ数について話し合う

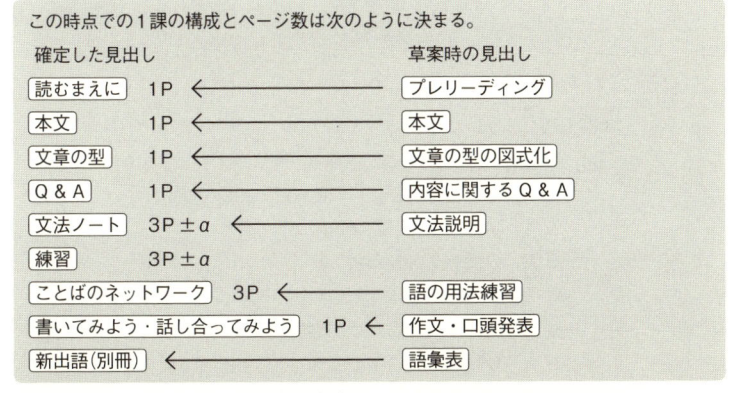

  この時点での1課の構成とページ数は次のように決まる。

確定した見出し		草案時の見出し
読むまえに	1P ←	プレリーディング
本文	1P ←	本文
文章の型	1P ←	文章の型の図式化
Q＆A	1P ←	内容に関するQ＆A
文法ノート	3P±α ←	文法説明
練習	3P±α	
ことばのネットワーク	3P ←	語の用法練習
書いてみよう・話し合ってみよう	1P ←	作文・口頭発表
新出語(別冊)	←	語彙表

- 「練習」のしかたについて話し合う

  練習は口頭で答えるものと書いて答えるものに分け、それぞれマークを付けて明示する。

- 「文章の型」の図式化を授業でどう扱うかを話し合う
- 「書いてみよう」「話し合ってみよう」の検討

- 「書いてみよう」では、書き方のヒントを与えすぎて型にはめすぎないようにしなければならない
- 問題の指示は、答え方の例示や既習語を駆使して行う
- 「話し合ってみよう」は話し合い、ディベートに加えてスピーチも扱う
- 「書いてみよう」に関連させて、「〜（べきだ）と思います」「〜ではないでしょうか」などのような口頭発表でよく使う決まり文句を提示する

・ルビは「下ルビ」に決定

> 下ルビにする理由
> 学習者は、「細か読み」をするときには、上から順に文章を読んでいくから、下ルビにすれば、読む文の下ルビを行ごとに紙などで隠して読むことができる。つまり、ルビに頼らずに漢字を読む練習を行う際に役立つ。
> また、補助的な文字列としてのルビはなるべく目立たないほうがよいので、その点下ルビは視覚的に邪魔にならない。

・教師用マニュアルの作成について

> 教師用マニュアルの構成は次のように決定
> 1. 総論
>   理念、各論、使い方
> 2. 各課
>   目的、意図、この課のねらい、授業の進め方(本冊の内容・順序にすべて対応して記述)、留意事項、参考文献
>
> 教師用マニュアルの原稿執筆分担を決める

・これからの作業日程について

> 作業日程を次のように決める
> '94 3 月　採用された本文の著作権、版権の処理
> 　　　　　「あっ、これなに？」の著作権、版権の処理
> 　　 5 月　学会参加の機会を利用して打ち合わせ
> 　　 6 月　宿題原稿の締め切り
> 　　　　　ワープロ入力(萩原担当)終了予定
> 　　 7 月　試行版の作成のための会議(第5回会議)
> 　　 9 月　教師用マニュアル作成のための会議(第6回会議)
> 　　10 月　学会参加の機会を利用して打ち合わせ
> 　　　　　試行版モニタリング(11月まで)
> 　　12 月　最終会議(第7回会議)
> '95 3 月　出版

5月　**臨時会議**
- 課の配列順の変更
- 新出語彙選定の基準を確認
- 自己診断テスト「試してみよう」の難易度調整
- 教師用マニュアルにも「文法ノート」(英語等の外国語ではなく日本語で解説したもの)を掲載することに決定
- 教師用マニュアルの執筆分担を変更
- 使用許可(著作権・版権)の交渉の途中経過報告
- 「文法ノート」(英語訳)のネイティブ・チェック担当者決定
- 英語版、中国語版、教師用マニュアルを同時出版することで合意
- 平高から提出されたメモにより、これまでの作業を振り返る

7月　**第5回会議**
- 内容や形式の上で重複している部分の検討
  - 「文章の型」「Q＆A」「書いてみよう」の間で重複している部分の修正
  - 「Q＆A」では学生に質問を作らせてはどうか／できない学生には教師が質問を与える／よくできる学生には難しい質問を作らせる／ただし、こうしたやり方がすべての教師にできるかどうか、などについて検討
- 各セクションのタイトルとその提示位置(レイアウト)の確認
- 「文章の型」の示し方を確認
- 「練習」の問題数を統一するかどうかの検討
- 「ことばのネットワーク」で取り上げる語彙の確認
  - 「ことばのネットワーク」で取り上げる語彙は、本文に関連するものと「書いてみよう」「話し合ってみよう」で使用価値の高いものとの2本立てにする
  - 造語法の核となる語(接頭語、接尾語)、特定の名詞と結束性の強い動詞などを語彙練習に取り込む
- 練習やタスクなどの指示文の文体は「です・ます体」にすることに決定
- この教科書の編著者名の掲載順を決める
- 教師用マニュアルのページ構成確認
  - 教師用マニュアルでは「読むまえに」と「読解本文」の順序を逆にする
- これから書く原稿と分担を決める
  - <本冊>
  - 「学習者のみなさんへ」(平高)、「目次」(萩原)、「学習項目一覧」(鶴尾がまとめる)、同

第1節　『日本語中級 J301 ―基礎から中級へ―』の編纂プロセス　｜　67

じ「文章の型」の文章を探す(全員)、「語彙索引」(萩原)
＜教師用マニュアル＞
「この教科書をお使いになる先生方へ」(平高)、「目次」(萩原)、「この課のポイント」(平高)、各論(全員)

- 5人のイラストレーターの作品サンプルを検討し、誰に制作を依頼するか意見交換
- 最初は英語版と教師用マニュアルだけを刊行し、次に中国語版を刊行することに方針を変更
- 試行版に対するモニターの意見は、直接会って聞きながら録音するか、あるいは書き込んでもらうか、などについて話し合う
- 「3課ごとチェック」について案を出し合う

「文章の型」に関する練習を3課ごとに設けることを検討／同じ文章の型に相当する読解文を手分けして収集し試作版を作る(後に、この練習はページ数増が編集上の障害となり外すことに)

9月　**第6回会議**
- 音声教材の作成について話し合う

  - 収録する箇所(「読むまえに」「本文」「練習」)の確認
  - カセットテープは作らず、CDだけにするか、検討
  - 録音の段階で読みにくいものは、文そのものに欠陥があるということだから、場合によっては文を書き換えることもある

- イラストレーターを決定する
- 新出語彙の洗い出し方について確認
- 自己診断テスト「試してみよう」の最終チェック
- 「あっ、これなに？」のカラー印刷について話し合う
- 英訳の進行状況報告
- 教師用マニュアルの構成について確認
- 教師用マニュアル「この課のポイント」について検討する
- 書名の最終確認

  書名は『日本語中級 J301 ―基礎から中級へ―』に決定
  「J301」とは「300時間の日本語学習を終えた人が301時間目以降に使う教科書」の意

- モニターとして依頼する人・機関の確認

- 今後の予定

> 12月15日　入稿
> 1月10日　初校、イラストのサイズ決定
> 2月上旬　再校
> 3月上旬　三校、モニターからのフィードバック
> 3月中旬　録音、三校戻し
> ＜持ち帰り作業＞
> ・イラストの挿入箇所を考える(全員)
> ・「学習項目一覧」の最終原稿確認(土岐、鶴尾)
> ・「この課のポイント」最終原稿確認(平高)
> ・語彙練習最終チェック(新内)
> ・「ことばのネットワーク」教師用マニュアル確認(鶴尾)
> ・新出語彙台帳作成(萩原)

12月　第7回会議

- 各セクションのタイトルを確認
- 「ことばの練習」に関する参考文献の照会

> 担当者から、次のことを詳しく解説した文献が欲しいとの要請があった
> ・名詞に「する」を付けて動詞化できるものとできないものとの間にはどのような違いがあるか
> ・接頭辞「お」が付く名詞と「ご」が付く名詞の間にはどのような違いがあるか
> ・「的」が付く名詞の性質

- 「あっ、これなに？」の最終確認
- 本文に登場、または本文と関連する人物、事項に関する囲み注記(教師用マニュアルに掲載)の原稿執筆分担
- 新出語彙表の決定
- イラスト挿入箇所の確認
- 記号、マークの確認

> 1) 文法ノート
> 　・○正しい　×間違い
> 　・⇨参照　☞参考文献(教師用マニュアルのみ)
> 2) 練習
> 　口頭練習には「話している様子」のマーク、書く練習には「鉛筆」のマーク、自分で考えるところには「？？」を使う
> 3) CDに収録されているところにはCDをかたどったマーク

- 教師用マニュアルの文体について確認
  > 教師用マニュアルは「です・ます体」で書く
- 用字・表記の統一を何に準拠するか
- 日本語ローマ字文の表記法の確認
- 登場人物名とその表記の確認
- 協力者一覧の記載方法の確認
- モニターへの献本の送り先と部数の確認
- 音声教材について検討
  - CDのみにするか、テープも作るか／CDが使えない人たちもいるので、そのことに配慮すべきではないか再検討したが、結局CDのみに決定
  - 必要に応じて2バージョンを収録する／たとえば、朗読調と講義調、フィラーのあるものとないものなど
  - 声優の選考

12月　中旬
- モニターの意見（文書）を回収
- 学習項目一覧表作成（萩原）

1月　教師用マニュアルの組版の調整段階で生じた空きページに、次のような「まとめシリーズ」を掲載することに決定
  - 文章の展開をさぐるときに役に立つことば
  - 話し合うときに役立つ言い方リスト
  - ワープロで文章を書く（ワープロで文章を書くときに気をつけること）
  - 落ち穂拾い（複合助詞）（初級から中級への橋渡し段階で必要な複合助詞の中で、この教科書で取り上げられなかったものの一覧）
  - 文章の型を考える手がかり

1995年

3月　16日　・初校戻し
　　　　　　・レコーディングに関する要望を鶴尾に提出
　　　20日
　　　▼　　・印刷
　　　31日
4月　2日　・再校ゲラ上がる
　　　3日　・英文の「学習項目一覧」作成（新内）

	6 日	
	▼	・再校戻し
	10 日	
	17 日	・イラストの最終チェック
	▼	・三校ゲラ上がる
	19 日	・全員で全課にわたって校正を行う
		・表記の最終チェック(関)
		・文章の型、マーク、ページ番号のチェック(平高)
		・英文チェック(新内)
	22 日	・レコーディング(土岐が監修)
	▼	・4月23日までに三校戻し
	23 日	・表紙デザインの選定を4月中に行う
		・謝辞原稿の執筆者確認
7 月	14 日	**本冊(英語版)と教師用マニュアルを同時に刊行**

　以上のように時系列で追った教科書編纂の流れを、主要なポイントだけを拾って示してみると次のようになります。

```
教科書開発の現状と問題点の把握
        ↓
    企画書の作成
        ↓
  編集執筆チームの編成
        ↓
 教科書のコンセプトを固める
        ↓
    作業手順を決める
        ↓
    作業分担を決める
```

⬇
原稿の作成・検討・修正
⬇
付属教材の作成・検討・修正
⬇
試行版の作成
⬇
試行版を使ったモニターからの意見を回収・分析
⬇
試行版の修正
⬇
完成版作成
⬇
ゲラ刷り
⬇
校正
⬇
刊行

　企画から刊行までには２年４ヶ月を要しました。その間、計８回の会議を重ね、場合によっては３〜４日間通しで昼夜を分かたず議論を交わしたこともありました。こうした『J301』の編纂プロセスは、複数の編著者による教科書作りにおいては何よりもまず強固なチームワークが必要であることをものがたる一例とも言えるでしょう。

第2節　教科書編纂の体験から学ぶ

　筆者(関)がこれまでに手がけた(実際にその編集・執筆にたずさわった)日本語教科書の主なものは次のとおりです。(　)内の数字はすべて初版の刊行年。

① 『日本語の基礎Ⅱ』　海外技術者研修協会編
　　　　　　　　　　　　　　　　海外技術者研修調査会(1981)
② 『日本の放送』　菊池靖、柴田俊造ほかとの共編著
　　　　　　　　　　　　　　　　日本語教育学会(1982)
③ 『日本語初級Ⅰ』　東海大学留学生教育センター編
　　　　　　　　　　　　　　　　東海大学出版会(1991)
④ 『日本語初級Ⅱ』　東海大学留学生教育センター編
　　　　　　　　　　　　　　　　東海大学出版会(1992)
⑤ 『日本を知る』　板坂元との共編著
　　　　　　　　　　　　　　　　スリーエーネットワーク(1992)
⑥ 『日本語中級 J301(英語版)』[1]
　　土岐哲、平高史也、新内康子、鶴尾能子と共編著
　　　　　　　　　　　　　　　　スリーエーネットワーク(1995)
⑦ 『日本語中級 J301(教師用マニュアル)』
　　土岐哲、平高史也、新内康子、鶴尾能子との共著
　　　　　　　　　　　　　　　　スリーエーネットワーク(1995)
⑧ 『日本語中級 J501(英語版)』[2]
　　土岐哲、平高史也、新内康子、石沢弘子との共編著
　　　　　　　　　　　　　　　　スリーエーネットワーク(1999)
⑨ 『日本語中級 J501(教師用マニュアル)』
　　土岐哲、平高史也、新内康子、石沢弘子との共著
　　　　　　　　　　　　　　　　スリーエーネットワーク(1999)
⑩ 『みんなの日本語 中級Ⅰ』　田中よね、鶴尾能子ほかと執筆
　　　　　　　　　　　　　　　　スリーエーネットワーク(2008)

⑪　『みんなの日本語 中級Ⅰ（教え方の手引き）』
　　田中よね、鶴尾能子ほかと執筆
　　　　　　　　　　　　　　　　　スリーエーネットワーク（2010）
⑫　『みんなの日本語 中級Ⅱ』　田中よね、鶴尾能子ほかと執筆
　　　　　　　　　　　　　　　　　スリーエーネットワーク（2012）
⑬　『みんなの日本語 中級Ⅱ（教え方の手引き）』
　　田中よね、鶴尾能子ほかと執筆　スリーエーネットワーク（2014）

　この節では、これらの教科書編集・執筆の作業を通して学び得たことを「ケーススタディー集」として以下に述べることにします。

1. 編集会議は理論よりも感性で対立する

　現代社会における「仕事」の多くは、時間との勝負でもあります。教科書編纂も一朝一夕に成るものではないとはいえ、むやみに時間をかけて行うわけにはいきません。はじめにタイムテーブルを作成し、「ゴール」の期日を決めておくのもそのためです。したがって、どの教授法を採用すべきかといった教科書作りの根幹に関わるような議論を編集会議の場で延々と戦わすことは避けるべきでしょう。理論的な、いわゆる「そもそも論」については深刻な対立が生じないように、編集者の人選をあらかじめ適切に行っておくことが必要です。そうしないと、教授法の是非について合意を得るためだけで貴重な時間をいたずらに使ってしまうことになりかねません。ただし、教科書はいかにあるべきかといった「理念」（理論ではなく、理想あるいは夢も）については、編集者どうしで熱い議論を交わしてでも、お互いの「思い描いていること」をできるだけ開陳し合うことに努めたほうがよいでしょう。また、こうした理念に関する語らいは、議事進行で縛られる編集会議の場ではなく、会議の合間や後のティータイムのような自由な雰囲気の場で行うと、意外にその教科書の性格を決定づけるような素晴らしいアイデアが飛び出したりするものです。

　実際に具体的な編集作業に入ると、音韻論・文法論・語彙論・意味論・文章論・語用論、社会言語学などのような「言語」に関わることがらだけでな

く、文学、経済、政治、文化などさまざまな問題について、編集者間の認識上のギャップを埋めるための議論が必要となる場合もあります。しかし、このような問題はたいてい短時間で決着がつきます。意外に時間がかかるのは、語意よりも語感、文章の構成よりもそのおもしろさ、会話の表現よりも会話の自然さ不自然さ、あるいはイラストや表紙のデザイン選定の際などにその理由としてよく挙げられる「好き嫌い」といった感性に関することがらです。たとえば、ある読解用の文章選定の際にYという作家の一文をある編集者が候補に挙げたとします。すると、他の一人の編集者から「私はこの作家は嫌いです。教科書には取り上げたくありません。」とその構成や内容の検討以前に一蹴されることも珍しくはありません。こうした感性に関することがらについては、ひとたび「言い合い」が始まると、そのギャップを埋めるのはきわめて困難で、たとえ行司役がいたとしても際限なく時間を費やしてしまうことになりかねません。したがって、「好き嫌い」の議論の深みにはまりそうなときには、対立するどちらかがあっさりと引き下がる「度量」も必要です。

2. おもしろさは人によって千差万別である

　読み物でも会話でも、文型練習に使われる一例文でさえも、「内容がおもしろくなければならない」「その中に何らかのメッセージ性がなければならない」とよく言われます。確かに、そのとおりですが、「おもしろいかどうか」は人によって違うということもまた事実です。スウィート著、小川訳（1969）は次のように述べています[3]。

　　　テキストを積極的におもしろくし、ただ単につまらなくないとかさしつかえないという程度に終らせないための抜き難い障害となっているのは、各人が各様の好みを持っているということである。

　19世紀末の世界における人々の興味や関心の多様化は、今日のような情報化社会とは比べものにならないほど限定的だったはずですが、ヘンリー・スウィートは学習者の興味を一様に惹き付けることの難しさを述懐していま

す。まして、その多様化が極端に進んでいる現代においては、すべての学習者の興味・関心に応えることはきわめて困難だと言えるでしょう。

　もう、だいぶ古い話になってしまいましたが、筆者は、海外技術者研修協会編(1974)『日本語の基礎』を使って、海外からの技術研修生をはじめ留学生、エジプトのカイロ大学で日本語を学んでいる学生などいろいろな学習者に教えたことがあります。その教科書の第15課の会話（下掲）では、ニヤリと笑いながら楽しそうに練習をして会話全文を一気に暗記する学習者がいる一方、ニコリともせずに訥々とした口調で会話の練習をする2つのタイプの学習者がいたことを思い出します。前者は、会話の内容（おもしろさ）に惹かれるタイプで、後者はこの課の文法シラバス「～ています」に関心を注ぐだけで、きれいな女の人を見たときの「男性心理」には無関心のタイプだったと思われます。

　　ラオ：アリさん、あの女の人を知っていますか。
　　アリ：いいえ、知りません。だれですか。
　　ラオ：鈴木さんですよ。センターの近くに住んでいます。
　　アリ：きれいな人ですね。独身ですか。
　　ラオ：いいえ、もう結婚しています。

　たった数行の会話ですが、「この会話にはジェンダー・バイアスがかかっている」と非難される可能性さえあるかもしれません。
　ならば、おもしろさの感じ方は人によって千差万別なのだから、「おもしろくすること」に苦心しても徒労に終わるだけではないかと考えたくもなります。しかし、決してそうではありません。おもしろさはその教材の出来不出来を決める大きな要因の一つになることは間違いありません。上記のような会話文や読解文はもちろん、たった一つの例文であっても、それがおもしろいかどうかについては編集者どうしで意見を戦わすとともに、モニターの意見にも十分に耳を傾けたほうがよいでしょう。そうしてもなお、教科書刊行後、想定外のところで「つまらない、不愉快だ」といった反応をされたり、反対に何の変哲もない普通の会話や文章が妙におもしろがられたりすることはしばしば経験することです。ヘンリー・スウィートが悩んだように、いつ

の時代でも「何がおもしろいか」の判断は一筋縄ではいきません。かといって「おもしろさの裏に潜む危険性」を避けようとすれば、それこそつまらない教科書として烙印を押されることになるでしょう。

　「おもしろさ」ではありませんが、学習者の感じる「快」「不快」への配慮も必要です。日本人の感覚としては、酒を飲んだことによる失敗談などはジョークの範囲内とみなされがちです。したがって、下記のような文を（　）内の文型を示す例文として提示することに対しては、特段の抵抗を感じない人が多いのではないでしょうか。筆者も、自分の書いた原稿（例文）を読み返してみて、酒にまつわるものが多いことにあらためて気づかされたことがあります。

- 忘年会でお酒を飲みすぎました。（～すぎる）
- 今晩、お酒を飲みに行きませんか。（～に行く）
- 寂しいので、毎晩お酒を飲んでいます。（～ている）

　特に、ムスリムの人たちはこうした例文に不快感や、場合によっては強い抵抗を示すことがあるので、注意を要します。

　教科書作りでは、シラバスの選定などよりも、むしろ上記のような問題で悩まされることが多いといってもよいでしょう。

3. 教科書は妥協の産物か

　本節の1.で、「好き嫌い」の議論においては、対立するどちらかが引き下がる度量も必要だと述べましたが、このことは言い換えれば、「妥協」は教科書編集のプロセスにあっては「必要悪」ということでもあります。それには「一方が引き下がる」妥協もあれば、「両者譲り合って折り合いを付ける」妥協もあります。

　妥協やむをえずといっても、議論が行き詰まる前から安易に妥協して「その場を凌ぐ」ようなことがあってはいけません。ここで肝要なのは問題の軽重を見抜く判断力です。何が枝葉でどこが幹かを的確に判断し、枝葉の部分では自説が通らなくても引き下がる度量を持ちたいものです。先に述べた「好

き嫌い」の問題などは、それに固執するタイプの人と真正面からぶつかって議論を繰り返しても時間を浪費するばかりになりがちです。そんなときには、泣く子と地頭には勝てぬと引き下がるほうが賢明でしょう。一方、理念に関する問題はまさにその教科書の本質に関わる幹の部分であり、そこでは一歩も引かずに徹底抗戦を貫く勇気が必要だと思います。

　教科書作りにおける理念とは、それぞれの編集者が追い求める理想＝「教科書のあり方」のことです。だとすれば、教授法は理念に深く関わることなのでしょうか。教授法は、その評価において編集者間で完全一致を求めなければならないほど比重を置くべきことなのでしょうか。筆者は、「日本語教授法は折衷主義（eclecticism）でよい」と思っています[4]。学習者には一人一人に個性があるのですから、万人にぴたりと合ったオールマイティーの「〜教授法」などあるわけがありません。教授法に唯一とか最善といったものはないと言ってよいでしょう。いろいろな教授法からいわば「いいとこ取り」をすればよいのです。その意味では、「よりよい教え方」も妥協の産物と言えるかもしれません。「妥協」にはどうしてもマイナスのイメージがつきまとってしまいますが、教科書作成においても教授法の選択においても、それは経験則から生まれた一つの実践的な「処法」だと見なしてよいと思います。

4. 試行版の作成とモニタリングは不可欠

　企業では、新商品を開発する場合には必ずマーケティングリサーチを行い、モニタリングによってその商品の適否等を検証します。教科書開発においてもモニタリングは欠かせません。しかし、新製品の開発と違って教科書のそれは、試行版を実際に授業で使ってもらうことによって、大掴みの「印象」「感想」のようなものから構成、シラバス、練習問題、例文の適不適に至るまで細かなコメントを求めることになりますので、モニターからすればかなりの負担になります。統計学的にはランダムサンプリングで最小限40人〜50人のモニターに対して行うのが理想的ですが、現実的には容易ではありません。また、モニターの選定においては偏りを避けなければなりませんが、多様な学習者と属性の異なる教師を網羅することは現実的には不可能に近いと言っていいでしょう。したがって、教育目的・期間、カリキュラム、学習者

の構成、教員の構成等において、極端な偏りのない日本語教育機関（5～10機関前後）に依頼して実施するのが現実的でしょう。実施上の留意点としては、次のようなことが挙げられます。

(1) モニターには、教師・学習者の双方をバランスよく選ぶのが理想的だが、学習者については依頼した教師を通してその反応や意見を訊く方法でもよい。

(2) モニターは、経験豊かな教師にだけ依頼すればよいというものではない。もちろん、ベテラン教師ならではの、細部にまで行き届いた指摘には十分に耳を傾けなければならない。しかし、その中には斬新な試みに対してなじめないというだけで否定的な意見を出してくるモニターもいるので、注意したい。

(3) 経験豊かな教師と違って、経験の浅い教師からは盲点を突いた想定外の指摘が得られることもある。そうした指摘は真摯に受け止め検討する必要がある。

(4) 編著者の年齢構成が高い場合には、自分あるいは自分たちの世代の日本語が標準的だと思い込んでしまいがちである。「すてきだわ」「そうかしら」といった女性語の入ったフレーズを迷うことなく会話に取り込んでしまうことなどもその一例である。若い世代の教師から「一度も使ったことがない。今時そんな言い方はしない。外国人が習う必要があるのだろうか。」といったコメントをもらって、はじめて自分の「標準」を見直す必要性に気づかされることもある。したがって、少なくとも20代・30代の若い世代の日本語教師からのコメントは欠かせない。反対に、若い世代だけの編著者による教科書の場合には、中高年者によるモニタリングも必要である。

(5) 気がついたことは忌憚なく、自由記述の形式でコメントをもらったほうがよい。的外れのコメントがあるのも事実だが、それはそれで日本語教育の「一現場」を知るうえで貴重なデータにもなる。

5. 標準日本語とは

先に、第1章第4節の2. で、松本亀次郎編集代表『日本語教科書』（1906）

の編纂のプロセスを見たなかで、編著者どうしが親族呼称の扱いについて、「おとっつぁん（父）おっかさん（母）」を「おとーさん、おかーさんと改めたし」とか、「ねいさん」を「ねえさん」に改めたしといった意見が交わされたことを紹介しました。当時は、何をもって標準日本語とするか、国語学者の間でさえ見解の分かれることは珍しくない時代でしたから、そうした議論がなされたのもむべなるかなと思います[5]。こうした議論は今日の編集会議の場面においてもしばしば起こり得ることです。

　ある編集会議で「荷物を背負う（せおう）」と「荷物を背負う（しょう）」のどちらを採るか議論になったことがありました。首都圏の出身者は会話では「しょう」が自然だと言い、筆者（鹿児島出身）と関西の出身者は「しょう」は東京方言的ではないか（つまり、標準日本語とは言えないから）、少なくとも新出語のリストに載せる場合には「せおう」にするべきだと意見が分かれました。結局「せおう」とすることで落ち着いたのですが、「ちっちゃい」「おっかない」「落っこちる」など、標準日本語と言えるかどうか、「方言としての母語」の違いによって意見の分かれる語は少なくありません。

　単語レベルだけでなく、表現形式においても微妙に意見の分かれることがあります。たとえば、初級段階の必修文型として取り上げられることの多い「～なくてもいい」は時間をかけて練習しても定着率が思わしくない文型の一つですが、それは音節数の多い文末表現形式を次のようにＡ・Ｂセットで覚えなければならないことが原因になっているからだと考えられます。

　　Ａ：パスポートを見せなければなりませんか。
　　Ｂ：いいえ、見せなくてもいいです。

　筆者が日本語教師になって間もない頃に、この文型をインドの技術研修生に教えたところ、8音節（ナ・ケ・レ・バ・ナ・リ・マ・セン）を一挙に発音しなければならないから、まるで機関銃を撃つ音の口まねをしている感じがすると言われたことがあります。開音節の発音が比較的上手にできるインドの学習者は機関銃のように発音できても、母語が閉音節を基本構造とする学習者（英語母語話者など）にとっては、発音の難しさゆえに簡単には覚えられない文型であることは間違いありません。そこで、関西出身の教師が学

習者の負担を少しでも軽減するために「〜なくてもいい」を「〜ないでもいい」に代えてはどうかと提案してきました。「〜ないでください」は既習なのだから「〜ないでもいい」のほうが覚えやすいと言うのです。ところが、首都圏出身の教師から「〜ないでもいい」はほとんど使わない、不自然だから基本文型として提示すべきではないと強く反論され、結局は「〜なくてもいい」に落ち着きました。しかし、関西出身の教師は百パーセントの納得はできないようでした。関西では「〜んでもええ」が日常会話でよく使われるので、「〜ないでもいい」には違和感がなかったのでしょう。このように、最も基本的な初級基本文型においてさえ「何が標準的か」には異見が生じることがあるのです。

　上例のように標準日本語の最大公約数を求めて編集される教科書がある一方で、入管法が改正（1990）され日本各地に居住する定住型外国人が増え始めた頃から、地域限定の生活日本語の教科書が次々に作られました[6]。地域語（方言）に限らず、日本語のバリエーション（新方言、若者言葉、老人語、流行語など）を教科書にどう取り込むかはこれからの教科書編集上の一つの課題であり、研究と開発を進めなければなりません。しかし、そのためにはまず「標準日本語とは何か、その基本文型・基礎語彙はどのように選定されるべきか」等を精査しなければなりません。それが成ってこそ教科書で取り上げるべき（取り上げるべきでない）日本語バリエーションも見えてくるはずです。よく使われているようだからと、安易に、新方言・若者言葉・流行語などを取り込むことだけは避けるべきでしょう。

6. 生ものは賞味期限が早い

　会話や読解文のトピックを選ぶときには、学習者の興味を惹き付けるためにそのときどきのホットなニュースや人物などから話題を取り上げようとしがちです。一般的な教材の選択法としては、その方法は間違っていないでしょう。ホットな話題は確かに学習者の関心を呼ぶ確率が高いですから、新聞やインターネットから素材を集めて、教材に利用している例も多く見られます。しかし、そのような素材を教科書に取り込んだ場合、数年後、早ければ1〜2年も待たずして修正や差し替えを余儀なくされる可能性があることを覚悟

しなければなりません。
　下記は、筆者が経験した事例です。
（1）エジプトのカイロ大学文学部で日本語を教えていたとき（1977-1979）に1313語の基礎語彙集を作ったことがあります。それには次のような動機がありました。覚えた単語が教室の外でも聞かれ、習った表現を日本語母語話者に対して使う機会も多い日本国内と違って、国外ではそうした環境が限られています。そのために、カイロ大学の学生たちも授業で覚えた単語を時間の経過とともに忘れていく傾向にあることがテストの結果などからわかったのです。つまり、習った語彙の定着率が日本国内の学習者に比べて際立って悪いことに気がついたのです。そこで、オグデン（C. K. Ogden）の作った「Basic English 850」にならって1313語の基礎語彙集[7]を作り、それらを必修語彙として必ず覚えるように指導しました。ところが、カイロ大学での任期を終えて帰国後数年経ってから、その語彙集に載録した「タイプライター」「トランジスターラジオ」が日常生活ではほとんど使われない語となっていることに気づいたのです。今日では両語とも必須語どころか死語に近くなっていますが、当時前者は一般的によく使われる道具でしたし、後者は学習者が欲しがる日本製品の一つでもありましたので、例文にも度々登場する単語でした。しかし、「生きのよかった単語」もいつの間にかすっかり生気を失い、基礎語彙どころかほとんど使い物にならない語になっていたのでした[8]。
（2）日本語教育学会が日本事情シリーズとして刊行した日本語教育副教材に、『東京』（1978）・『日本の地理』（1978）・『新幹線』（1979）・『日本の歴史』（1987）などがありますが、これらの教材は今やほとんど使われなくなってしまいました。刊行当初は新鮮な情報が盛られた「生もの」だったのですが、賞味期限が切れてしまったのです。長く使われ続けたのは、賞味期限のない『日本の歴史』（1987）くらいしかありません。そのシリーズの中の一つ『日本の放送』（1982）の作成には筆者もたずさわりました。「これからの放送」という章の執筆を担当することになりましたので、当時の最先端の放送システムを取材し、未来の放送メディアも予測しながら原稿を書きました。しかし、当時の最先端の放送機器やシステムを紹介した写真（高品位テレビ、投影型テレビ、双方向光映像情報システム、静止画放送など）

はさほどの時を経ずしてセピア色の古びた印象を与え、「これからの放送」は「一昔前の放送」になってしまったのです。

　筆者がたずさわった日本事情の教科書には『日本を知る ―その暮らし365日―』（板坂元著、関正昭編、初版 1992、改訂版 1996、新訂版 2003）スリーエーネットワークもあります。改訂・新訂のたびに最小限（統計的数字など）の加筆・修正を行いましたが、今でも書き換えや削除を要する項目は少なくありません。「春闘」「日本的経営の特質―終身雇用・年功序列・社会保障と医療」などはその例です。このように時事的な「日本事情」に関して記述した内容は、遅かれ早かれ「賞味期限」が切れるときが必ずやってくるので、初版刊行の段階から常に改訂の準備をしておかなければなりません。

(3)「賞味期限」が切れるのは、生ものを扱う傾向の強い日本事情の教科書だけではありません。話題シラバス、内容シラバスに限らず、文法シラバス、機能シラバスなどどんな教科書でも、そこに単語・例文・会話・読み物等々「言葉による記述」がある以上、生の情報はいつか必ず耐用年数が来てしまいます。土岐哲、平高史也、新内康子、石沢弘子との共編著(1999)『日本語中級 J501 ―中級から上級へ―』スリーエーネットワークから一例を挙げてみましょう。

　読解練習の文章に次のような一節があります。

　　　電車の中でポケベルが鳴った。先を急いでいたが、緊急連絡かもしれないので、すぐ下車した。ホームに2台しかない公衆電話に並ぶ。
　　　7分並んで次の電車が来たが、順番待ち人数は減らない。
　　　　　　　小林洋子「オバさんの逆襲 ―ビジネスマンの分別―」毎日新聞社

　この文章は、登場人物の心理状態を時系列で読み取っていくことを目的としています。その意味ではよく吟味された文章です。しかし、今やポケベルは「遺物」となり公衆電話の前に人が並ぶ光景は見られなくなりました。この文章読解のために、ポケベルとは何か、電話・通信機器はどのように進化変遷してきたかなどの話から始めなければならないことになっては「トップダウンで内容を読み取る」という本来の目的もかすんでしまいかねません。

こうした例は、「1冊の本」という形に固執する「教科書」であるからこそ抱え込まざるを得ない問題であるとも言えます。その点、生の教材を適時適宜に引き出せるモジュール型教材のほうが優れているという見方もあります。しかし、もっと広い視野から「教科書の使命・役割」ということを考えれば、教科書は「時代を映す鏡でもある」とも言えるでしょう。だからこそ、版を重ね、改訂を重ねて長く使われた教科書には歴史が刻まれ、後世に受け継がれていくのであり、そこに他の教材には見られないその教科書ならではの存在価値も生まれるのではないかと思います。

7. 余白の効果

　もったいないと思う心や無駄をしないという行為は、日本では古くから美徳とされてきましたが、こと日本語教科書の編集に関しては話が違ってきます。
　特定の教科書名を挙げるのは憚られますが、説得力を高めるためにあえて例示すると、今から40年以上前に出版され、その編集方針において確固たる理念や教授法を貫いたという点で間違いなく歴史に残ると思われる教科書に Alfonso, A. (1966) "Japanese Language Patterns Vol. 1, Vol. 2" Sophia University L. L. Center of Applied Linguistics と Jorden, E. H. (1962-1963) "Beginning Japanese Part 1, Part 2" Yale University Press があります。前者は英語による精密な文法説明を施したあとに模範例文（ローマ字表記）でパターンを示し、大量の練習問題を掲げています。一方、後者は日常会話で使われる表現パターンの習得を目指したもので、ローマ字表記の例文にはアクセント記号とイントネーション記号が付されています。両者とも1冊の厚さが3～4センチものボリューム感のある教科書で、ページを繰っていくとローマ字表記の日本語文と英語の解説文が最終ページまで間断なく延々と続いているといった具合です。かつては、このような教科書でこつこつと努力を積み重ね、日本語の基本的な能力を獲得した学習者は多かったのですが、教授法や学習スタイルも昔とは大きく変わった今日では、どのページも文字で埋め尽くされた教科書は「やる気を起こさせる」どころか学習者に心理的ストレスを与えてしまう可能性すらあることを見逃してはなりません。

千野（1986：95-96）は自らの語学学習の体験も踏まえて次のように述べています。

> 初歩の語学の教科書なり自習書は、薄くなければならない。語学習得のためには、ああこれだけ済んだ、ここまで分かった、一つ山を越えたということを絶えず確認して、次のエネルギーを呼びさますことが必要である。（中略）山に登るとき、頂上が見えない霧の中を登るのと、頂上への距離が分かって登るのとでは疲労度が違うのと似ている。一七世紀のチェコの教育学者で語学書執筆の名手であったヤン・アーモス・コメンスキー（コメニウス）も、『人間は限界の見えないものに恐怖を感ずる』といっているが、まさにその通りである。

　量的な負担を感じさせない薄い教科書の効用は、余白の効用に通じます。近年若者の活字離れがますます進んでいると言われますが、今日のようにITの発達やアニメ文化の隆盛により、ビジュアルな情報が好まれる時代にあっては、ページ全体が活字で埋め尽くされた教科書はますます敬遠される傾向にあります。だからといって、ビジュアル派に迎合して写真や絵、チャート等で無理に余白を埋める必要はないでしょう。余白には余白なりの効用があるのです。1ページの半分でも3分の1でも余白があれば、それだけでも学習者には心理的な余裕が生まれ（この課・このページを終わったという達成感も得られ）、また次のページに進もうという意欲も湧いてきます。編集上余白が生じたからといって、そこにあまり必要としない文や文章、絵・チャートなどを埋め草として使うのは、無駄な努力になりかねません。

8. マネージメント・サイクル管理システムの教科書作りへの援用

　「マネージメント・サイクル」は経営学で使われ始めた用語です。「まず計画を立て、それから実行し、それを評価してから次の計画へと進む」という一連の管理プロセスを指し、よく知られているものにPDSサイクルとPDCAサイクルがあります。PDSサイクルは「PLAN（計画）→ DO（実行）→ SEE（統

制）」という一連の流れを示し、PDCAサイクルは「PLAN（計画）→ DO（実行）→ CHECK（測定・評価）→ ACTION（修正）」という一連の流れを示します。

　こうした経営管理理論がインストラクショナル・デザイン（ID：Instructional Design）として語学教材作成にも応用・導入されています[9]。筆者もこの管理システムは日本語教材開発でも大いに活用すべきだと思います。

　「PLAN（計画）→ DO（実行）」の具体例については本章の「第1節『日本語中級J301 ―基礎から中級へ―』の編纂プロセス」で実際例を挙げたので繰り返しませんが、「SEE（統制）・CHECK（測定・評価）・ACTION（修正）」については、以下に『みんなの日本語 中級Ⅱ』の編纂過程で起きた事例を1つだけ紹介しておきます。なお、SEE・CHECK・ACTIONは、教科書作りにおいては「作ったあと＝刊行後」に行えばよいと解されがちですが、そうではありません。1プロセスごとに・1つの段階ごとにスパイラルに繰り返し行わなければなりません[10]。

　『みんなの日本語 中級Ⅱ』の読解用本文の選定には足かけ6年もの歳月を費やしました。もちろんそのことだけに時間をかけていたわけではありません。当初は『みんなの日本語 中級Ⅰ』と同時進行で作業を進めていたのですが、当然のことながら「Ⅰ」の刊行を優先させなければならず、結局「Ⅱ」の作業は滞らざるをえなくなりました。そうなると、時間が経つにつれて話題・内容の新鮮さが薄れ「6年前の生ものには賞味期限が来ている」ものもあり、その差し替え案だけでなく、すでに選定された文章の良し悪しについてまで議論が蒸し返されるということもありました。

　そこで役立つのがSEE・CHECK・ACTIONによる解決法です。具体的なツールとしてはチェックシートが有用です。次に掲げる2例は『みんなの日本語 中級Ⅱ』の読解用本文の選定の見直しの際に、執筆者各位の意見の集約も図りながら筆者が提案したシートです[11]。例①は読解用本文の選定のためには原点に立ち返って教科書全体の編集方針を再確認しなければならないとして作成したものであり、例②は読解用本文選定のための定規として使えるように作成した文字どおりのチェックシートです。

例① 編集方針の再確認

1. 全般的なこと

1-1 『みんなの日本語 中級Ⅰ』は初級から中級への橋渡しを大きな役割の一つとしたが、『みんなの日本語 中級Ⅱ』は車の運転に喩えれば、教習所の練習コースから路上運転へと進んだ段階とみなし、自律的学習ができるようになることを目指す。「教わる」という受け身的な学習ではなく、加速度的に自律学習ができるようになることを目指す。そのために、自分で「気付く」「調べる」「作る」「省みる」といった学習行動を促す練習やタスクを採り入れる。

1-2 「中級段階で今さら文型の学習など必要か」という意見もあるが、『Ⅰ』において一つの編集方針だった「初級段階で積み残した文型の補充及び中級初期において必要な文型の習得を目指す」を引き継ぎ、『Ⅱ』でも「中級中期段階における必要文型の習得拡充」という方針を貫く。

1-3 『Ⅱ』を終えた段階で「話す・聞く・書く・読む」の４技能について日本語能力試験２級レベルの70％程度はクリアできるようにする。

1-4 ４技能と表裏一体となっている社会文化能力の習得もあるときは意識的に、あるときは無意識のうちに行えるように編集上の工夫を施す。

2. 個別具体的なこと

2-1 話す
『Ⅰ』の交渉会話から『Ⅱ』は交流会話[12]へと切り替える。社会文化能力においては運用面よりも理解力が身に付くように工夫した編集を心がける。

2-2 聞く
まず、トップダウンで行い、そしてボトムアップの聞く練習へと進む。「不要あるいは重要でない部分は聞き流す」「わからない部分は推測して聞く」といった練習も採り入れる。

2-3　読む

まず、トップダウンで。そしてボトムアップへ。日本語の習得のために仕組まれた、受け身的な読みから日常生活のなかの読書活動としての読みへ自然に移行できるように編集上の工夫をする。

2-4　書く

文章の流れ・文の接続・文体・語彙レベル（文体の違いによる語の使い分け）を学習者に意識化させる。

2-5　語彙力

効率的で体系的な語彙習得、中級段階における習得語彙の拡充を目指す。和英辞典などの「日本語−外国語辞典」だけでなく「国語辞典（日本語−日本語辞典）」に使い慣れることによって語彙力のアップを目指す。

2-6　その他

2-6-1　教科書の「体重超過」を避け、量的な調整とともに教科書全体の体裁や各課の構成もシンプルな印象を与えるように最大限の工夫をする。『Ⅰ』と比べて、２割程度スリム化する。

2-6-2　時代のさまざまな動きや科学の進歩等にも合わせて、改訂が機敏に行えるよう、留意して編集する。

例②　読解用本文選定のためのチェック項目

読解文選定の際に留意すべきこと
1．難易度（語彙、文法、構成、背景知識など）を考慮しているか
2．トピックに偏りはないか
3．文章タイプの偏りはないか
4．問題発見→問題解決…「気付く」「調べる」「作る」「省みる」といった学習行動につなげられるような内容か

5．学習者が自己関与できるものか
6．トップダウンの読みによってその文章の「メッセージ」がはっきりと伝わる「構成と内容」になっているか
7．ストーリーが確実に把握できるか（物語、小説などからの一部抜粋の場合）
8．テーマや内容が時代のさまざまな動きや科学の進歩等によって将来興味の持てないものになってしまう可能性はないか
9．新しい知識が増えることによって満足感が得られる内容か
10．意外性のあるものか（陳腐でないか）
11．人間の生き方について考えさせるものか
12．現実の社会に目を向けさせるものか
13．誰の（どんな人の）興味を惹く内容か
14．20～30歳代の日本語母語話者や日本語非母語の既習者にもおもしろく読める内容か
15．社会的弱者（ハンディキャップを持つ人たち）に対して配慮がなされている表現・内容になっているか
16．個人的な好み（好き嫌い）だけの判断に陥っていないか

　森の中に入れば1本1本の木はつぶさに観察できますが、森全体を見ることはできません。これと同様に教科書作りも、読解文・会話文・練習・新出語彙表…といった具体的な（細かい）作業に入ると、教科書全体の姿を見失ってしまうこともあります。「PLAN → DO → SEE」「PLAN → DO → CHECK → ACTION」による問題解決法は、特別に困難な状況に陥ったときだけでなく、教科書作りの全プロセスにおいて有効です。このことは筆者のこれまでのさまざまな教科書作りの経験から学び得たことでもあります。

第3節　母語話者、非母語話者による教科書開発

　ここでは、教科書が対象とする言語と、教科書作成者の母語となる言語との関係について考えてみましょう。日本語の教科書に即していえば、日本語母語話者、非母語話者が作成する場合についてです。

　教科書開発者の母語と教授対象となる言語の関係について考えるときにヒントを与えてくれるのがMaley（2011）です。Maley（2011）は教材、教師、学習者の3者の間には複雑なトレードオフの関係があり、学習者一人一人の違いや教師側の要因が理由で、3者の意図を完全に合わせるのはなかなか難しいと述べています。特に出版社が発行している教材を使うときは大変で、それらがうまく合致するのは、教材が比較的限定された集団のために作られた場合くらいでしょう。教科書ではあらかじめ内容も提示順も決められていますから、教師や学習者の選択の自由を限定しているとも言えるのです。Maley（2011：379-380）は教師側の要因として次の5つを挙げています。

① 言語の熟達度と自信の度合い
② 学習者としての個人的な学習経験
③ 個人の性格（外向的・内向的、開放的・閉鎖的）
④ 教育スタイルの選好（教師主導型・学習者との協調型）
⑤ 文化的背景

このうち、①、②、⑤の3点は教師が教えている言語の母語話者か非母語話者かに関わる問題であると考えられます。

　まず、①の（教えている）言語の熟達度と自信の度合いは、非母語話者は多くの場合、母語話者には及びません。文法性の判断や類義表現の微妙なニュアンスの違いなどを説明するのは、非母語話者の教師には容易ではありません。日本語母語話者が日本語教科書を作成する場合は、教授対象となる日本語は母語ですから、母語話者としての内省を生かすことができます。この点は非母語話者の場合不可能ではありませんが、困難です。また、熟達度の点で非母語話者は母語話者に及ばないことが多いということは、非母語話者が

上級の教科書を開発するのは至難の業だということでもあります。

　しかし、それを補って余りあるのが、②の、以前その言語を学習した経験です。学習者としての経験があるからこそ、発音、文法、語彙、文字などのどのような点が難しいか、その困難を克服するにはどうしたらよいかが理解できます。自分もかつてはその言語の学習者だったことがあるから、学習者の心理や立場を追体験でき、理解や産出について困難を感じる点などをよりよく理解できます。それだけではなく、学習者の心理状態も理解できますので、不安や緊張感を抱きやすい点、逆にリラックスして学習できる心理状態などを思い描くことができます。そうした経験を教材開発に生かすことができるのです。一方、母語話者は、往々にして学習者の立場や心理に対する配慮が行き届かず、練習の量や時間配分などを見誤ってしまうことがあります。斎藤（1986：1）は「外国語教科書について論ずるにふさわしいのは、学習者と教授者の経験をあわせ持つ者であろう。」と述べています。

　そして、⑤の文化的背景を学習者と共有しているからこそ、たとえば、自分と同じ非母語話者にはどのようなシラバス、教材、教授法が適切かを判断することができます。日本語教科書を非母語話者が作成するのは、海外でのケースが多いと考えられます。海外では、教室を出ると日本語と接する機会が限られますので、その範囲でできることを学習者に課せばよいとするのか、あるいは逆に、だからこそ、教科書にはそれを補うべき情報（たとえば、母語話者が持っている文化に関する情報）を多く載せるべきか、などについての判断が求められます。

　具体例として、筆者がドイツ語の初級教科書、Riessland ほか（2004）『Modelle 1』三修社[13] の開発に関わったときのことに触れましょう。ドイツ語ですから、もちろん非母語話者として作成しました。開発したといっても、上司が作ったプリント教材を同僚と一緒に本にまとめただけなのですが、そのときにはやはり上で述べた3点を痛感しました。まず、ドイツ語の運用能力は備えているつもりではありますが、微妙な表現の使い方などは母語話者並みというわけにはいきません。たとえば、冠詞の使い方や前置詞の使い分けについてひととおりの説明はできますが、母語話者に聞かないとわからないこともあります。次に、学習者としての経験を生かすことができた例として、文法シラバスを根底に据えたことを挙げたいと思います。この教科書

を作成したのはコミュニカティブ・アプローチの全盛期で、コミュニケーション能力を伸ばすための練習はたくさん盛り込みましたが、基礎にしたのは文法シラバスでした。これは、日本の学習者にはやはり文法をきちんと教えることが欠かせないということを、教授者としてだけではなく、かつての学習者としても確信していたからです。また、ドイツに行くと、必ず日本のことについて聞かれます。日本食から医療制度、アニメから政治まで、話題は実にさまざまです。筆者も学生のときにドイツに行き、日本の医療保険について聞かれて難儀をしたことがあります。ですから、日本に関する何らかのテーマについて語ることができるように、この教科書には日本の宗教についてドイツ人に説明するという会話を入れました。日本社会について語れるようになるには、日本のことを勉強しておかなくてはいけないので、必ずしもドイツ語の問題ばかりではないのですが、かつて学習者として経験した問題点を教科書に入れておき、学習者に伝えたいと思いました。もっとも、かつての学習者としての経験は必ずしもよい影響ばかりを与えるわけではありません。コミュニケーション能力を伸ばすための練習をたくさん取り入れた、と書きましたが、実は筆者がドイツ語を学び始めた1970年代半ばの日本のドイツ語教育は文法訳読法が中心で（これは今でもあまり変わりませんが）、ドイツで出版されていた教科書はオーディオリンガル・メソッドのものが多かったのです。ですから、その影響で自分が教えるようになっても、しばらくは練習問題といえばパターン練習ばかりを作っていた時期もありました。そして、文化的背景としては、勤務先のキャンパスで発信型の外国語教育を進めるという理念があるからなのですが、教科書の話題や場面の大半を日本社会に求めました。ドイツ語の教科書ですから、ドイツの社会や文化を紹介しなくてはならないのですが、あえて日本の社会をフィールドにしたのは、学習者にとっては見知らぬドイツ社会よりも自分たちが慣れ親しんでいる日本社会のほうがより多く、詳しく語ることができるからです。たとえば、道案内の表現ではキャンパスが対象ですし、旅行の目的地は鎌倉です。ビデオ等を使えば視覚化はできますから、ドイツの観光名所を選ぶこともできるのかもしれませんが、位置関係も交通手段もわからない場所をフィールドにするよりは、社会的、文化的背景を共有できる場所を選んで、学習者に語らせるほうが効果的なのではないかと思います。

このことは、言い換えれば、教科書開発に際しては、学習者に寄り添う姿勢が求められるということでもあります。Tomlinson (2012) は教材開発の8つのポイントの1つとして、教材に人間味を持たせること (humanising) という点を挙げています。これは、学習者が身近に感じられる話題や、感覚に訴える、情感的な要素を盛り込むことによって、一人一人の人間がそれを自分のものとして受け入れられるようにするということを表しています。各々の教育機関が独自の教科書を作り、学習者一人一人のためにカスタマイズされた教科書があれば、理想なのでしょうけれども、現実的にはそれは難しいと言わざるをえません。しかし、教材が身近なものとして感じられるようにする努力はするべきでしょう。学習者と母語を共有する教材開発者は、この点でも有利な立場にあると言えるでしょう。

　このように、教科書開発に関わる場合、母語話者にも非母語話者にも長所と短所があります。ですから、教材開発は、母語話者と非母語話者がチームを組んで、お互いに長所を出し合い、短所を補い合って進めるのが理想的でしょう。その意味で意外に看過されているのは、日本で日本語の教科書を作成する場合の、非母語話者参画の重要性です。日本では日本語母語話者だけで作成し、非母語話者が参加することは少ないのではないでしょうか。しかし、日本語母語話者だけではなく、なんらかの形で非母語話者にも参加してもらうことが重要です。文化的背景などについて教えてもらうだけではなく、かつての学習者としての経験を語ってもらうこともできます。作成チームに入ってもらうのがいちばんよいのでしょうけれども、それが難しければ、せめて試用のときの学習者の意見を改善のために反映させたいものです。どうしても非母語話者の参加が見込めないときは、日本語母語話者がかつて体験した外国語学習を思い出すことです。そして、学習者として感じた困難や、楽しかった練習や、クラスワークなどの経験を呼び起こし、教科書開発に反映させるのです。教科書開発者が自分で作った教科書を教授者として使うことはよくありますが、理想を言えば、そこに学習者として使う（使った）経験も盛り込むことができればよいと思います。

　教科書作成のプロセスについて述べた第1章第3節で触れましたが、実際に文型や会話、文章を書いたり、集めたりする段階では、その指針やベースになるシラバスが必要です。特に非母語話者の場合、なんらかのシラバスの

助けを借りずに、素材を集めることはとても困難です。本節で紹介したドイツ語の初級教科書（Modelle シリーズ）を開発したときには、そのシラバスを Baldegger et al. (1980) に求めました。これは 1970 年代にヨーロッパ評議会（Council of Europe）が英語教育のために作成した Threshold level [14] のドイツ語版です。Threshold level は基礎レベル（2001 年に発表された CEFR（『ヨーロッパ共通参照枠』）で言えば B1 レベル）のガイドラインを示したものですが、同様の趣旨で外国語としてのドイツ語教育の指針を示すべく刊行されたのが、この Baldegger et al. (1980) です。ここには機能、概念、テーマ、文法がリスト化されており、それぞれに属する語彙や表現が並べられています。Modelle シリーズを開発するときに、もちろんコンセプトはありましたし、すでにそれまでにプリント教材を作って授業も行っていましたので、語彙も文法も機能も多くは確定していました。しかし、それらをもう一度見直し、整理する際に、Baldegger et al. (1980) に載っている文法や機能の項目やそれに属する語彙をベースにして取捨選択し、そこになくても、勤務先の大学や日本で教える際には必要な語彙や表現を付け加えるという作業を行いました。現在では CEFR に基づいて作られた Glaboniat et al. (2005) がありますので、付属の CD-ROM を使えば、Can-do リストを軸にして、レベルに合った文法や語彙などを自在に集め、編集することができるようになっています [15]。これによって非母語話者の教師でも教科書や試験の開発などがとても楽にできるようになりました。文法項目や語彙、機能、テーマ、概念などの目録や一覧表は、教科書作成の作業の際には不可欠であり、とりわけ非母語話者が開発するときにはなくてはならないものと言えましょう。

　私たちがドイツ語の教科書を開発したときのように、非母語話者が教科書作成者になる場合は、教科書作成者と学習者の母語が同じであることが多いと思います。このとき問題になるのが学習者の母語の使用の可否と、母語を使ってもよしとする場合、どこに、どのように、どの程度使うかです。これについてはいろいろな考え方があると思います。たとえ非母語話者が開発する教科書でも、学習者の母語は使わずにすべて学習する言語だけで通すというのも一つの考え方でしょう。教授法でいえば、直接法に当たる行き方です。逆に、学習者の母語を適宜教科書に織り交ぜるという方法もあります。文法説明や練習の指示文を学習者の母語で記してある教科書はよくあります。ま

た、語彙リストに学習者の母語で対訳を付けてある例もしばしば見られます。これらは、学習者が説明や指示というメタ言語の部分で理解や産出を妨げられずに、学習している言語そのものに取り組めるようにという配慮から、母語が使われているわけです。ただし、文法説明や指示文等の学習者の母語への翻訳は、非母語話者ならば誰でもよいというわけにはいきません。やはり、ある程度の日本語能力があり、日本語教育や外国語教育にも多少の心得のある人の協力を求めたいものです。

(注1) 中国語版と韓国語版はともに 1997 年に刊行。
(注2) 中国語版と韓国語版はともに 2001 年に刊行。
(注3) 同書 p.195 によります。
(注4) 関 (2002)。
(注5) 各務 (1943) は、文部省図書監修官として日本語教科書編纂にたずさわった経験談をまじえて当時使われていた教科書の実態と教科書のあり方について述べています。pp.34-35 では醇正な日本語ではない言葉をたくさん盛っている日本語教科書を放置しておいてはいけないと次のような例を挙げています。「『宜しい』ということを、同じく教室などでは、しばしば『いいです』といわれます。これは今日東京でも用いられておりますが、醇正な日本語ではありません。原則的に申しますと、形容詞に『です』という形がいきなり続く事はないはずであります。『いいです』『悪いです』『美しいです』などは、この原則に背いているのであります。」(原文は旧字体、旧仮名遣い) 言語の規範と使用の実態の兼ね合いを教科書編集においてどう処理するかはいつの時代でも付きまとう問題であることがわかります。
(注6) 髙木・丸山 (2007) は、方言を扱った日本語教科書の例として下記の 10 点を挙げています。
　　1988 年『Spoken Japanese II』AKP 同志社留学生センター
　　1989 年『別科・日本語 I』長崎総合科学大学別科日本語研修課程
　　1995 年『もみじ』財団法人ひろしま国際センター編
　　1995 年『おいでませ山口 (改訂新版) ―外国人のための入門日本語教材―』
　　　　　全国語学学会山口支部日本語教育部会
　　1997 年『山形ことばを学ぼう』(初版) 山形地域語研究会編
　　1997 年『広島方言教材解説文 (詳細版)』財団法人ひろしま国際センター編
　　1998 年『聞いて覚える関西 (大阪) 弁入門』アルク　CD-ROM 付
　　　　　(2006 年ひつじ書房より新訂版で再出版)
　　2001 年『飯伊方言―中国語対訳集』飯伊方言―中国語対訳編集委員会
　　2002 年『高知の生活語 2002』今井多衣子・池純子・東條美紀
　　2003 年『ぎふ・ことばの研究ノート 別冊 1 みんなで使おっけ！ 岐阜のことば I』山田敏弘編　岐阜大学教育学部国語教育講座
(注7) 当時出版物あるいは印刷物として発表されていた各種辞書・語彙集 10 種に取り上げられて

いる「見出し語」のうち、5種以上に共通して出現する1522語を洗い出し、その中から主観的判断により筆者が重要と思った語彙を1313語抽出しました。

(注8) 戦時中に編纂された基本語彙集に、石黒修・松宮一也ほか（1944）『日本語基本語彙』国際文化振興会があります。これは日本語普及のための教科書編纂に資することを目的として編まれたもので、2003語が選定されていますが、そのなかには戦時下ならではの必修語「軍艦、軍人、大砲、味方、手柄、大審院、襦袢、火箸、火鉢」などが入っています。

(注9) 鈴木（2002）は、Dick, W., Carey, L., & Carey, J. O. (2001) "The Systematic Design of Instruction" (5th Ed.). Addison-Wesley に多くの示唆を受けたと述べています。また、同書の1978年版を使ってカタカナを教えるための教材を作ったこともあると述べています。この他、国際交流基金（2008：12-19）もインストラクショナル・デザインを紹介し、教材作成の手順を解説しています。

(注10) 教科書開発の具体的プロセスについては、第1章第3節を参照してください。

(注11) ここで取り上げられた方針やチェック項目は、教科書作成作業の一プロセスにおいて用いられたものであって、完成した教科書および教え方の手引きにすべて反映されているわけではありません。

(注12) 交渉会話、交流会話については、尾崎・椿・中井（2010）の pp.4-5、pp.12-16 を参照してください。

(注13) これを皮切りに、その後、『Modelle 2』、『Modelle 3』が出版され、この Modelle シリーズは全部で3冊になりました。

(注14) Threshold level の詳細については van Ek (1977) を参照してください。

(注15) 日本語教育では、国際交流基金が CEFR を基礎にして「JF日本語教育スタンダード」を開発しました。それをもとに作られた「みんなの「Can-do」サイト」や、「JF日本語教育スタンダード活用事例」なども公開されています。また2013年からは「JF日本語教育スタンダード」に準拠した教科書『まるごと』シリーズも制作されています。詳しくは国際交流基金「JF日本語教育スタンダード」のサイトを参照してください。

第3章
作った後で

第1節 教科書開発の評価

教科書開発プロセスにおける評価はできあがった教科書の評価とは異なります。ここではまず後者について概観し、つづいて本題に入ることにしましょう。

1. 教科書の評価

教科書の評価とは、授業に合った教科書を探すために参考にするものです。教科書選択のための評価と言ってもいいでしょう。これについては、日本語教育の分野にも国際交流基金編（1983）や河原崎・吉川・吉岡共編著（1992）、吉岡編著（2008）などがあります。吉岡編著（2008：5-11）の「日本語教材の選択の視点」には次の13点が挙がっています。

1. レベル
2. 対象者
3. 学習時間
4. 学習目的
5. 学習項目の量と配列
6. 全体構成や課の構成
7. 練習や問題の形式や内容
8. シラバス
9. 教授法
10. 自習可能か、教師使用前提か
11. 使用言語
12. 付属教材
13. 価格、体裁、挿絵など

類似のものとして、ドイツ語教育に Komission für Lehrwerke DaF（1977）があります。これはドイツ外務省文化部の委託で10名の専門家がマンハイ

ムのドイツ語研究所[1]に集まって、1970年代前半頃までに出版されていた外国人のためのドイツ語教科書に関する評価をまとめたもので、Mannheimer Gutachten（マンハイムの評価書）の名で知られています。同書は次の14の分析の観点を挙げています。

14. 学習目標と方法
15. 教材の構成
16. 教材の使用
17. 技能
18. 練習問題
19. 教授法に関わる概念
20. ドイツ語：分類、文章
21. 音韻論
22. 形態論、統語論
23. 語彙論
24. 対照研究
25. テーマに関する目標設定
26. コミュニケーション、社会、状況
27. 文化の地理学、文化の相対化、ドイツ像

これらの視点や観点のいくつか（たとえば、1.～4．8．14．など）は教科書を開発する前には決定していなくてはなりませんので、教科書開発の評価の視点にはなりません。しかし、5．6．7．15．18．19．20．などのように、教科書開発の観点にもなりうるものも含まれています。このように、教科書の選択のための評価と開発プロセスにおける評価とは必ずしも同じではありません。

2. 教科書開発のプロセスにおける評価

ここで、第1章第3節の図3に示した教科書開発のプロセスをもう一度見てみましょう。図3では評価はプロセスの終わりに位置しており、評価①と

評価②の2つがあります。p.15図2のJolly & Bolitho (2011) の開発プロセスの図でも、評価は「学生による教材の試用」の後の最後の段階に置かれています。つまり、できあがった教材や教科書を学生が（そして、教師も）使用した後の評価ということになります。その意味で「合意された教材の評価」なのです。

　教科書・教材開発の評価を考えるうえで示唆を与えてくれるのが、Ellis (2011：215-217) のタスクに基づいた言語教育 (TBLT：Task-Based Language Teaching) におけるマクロ・ミクロの評価についての考え方です。Ellis (2011：217) はこれを図6で示しています。

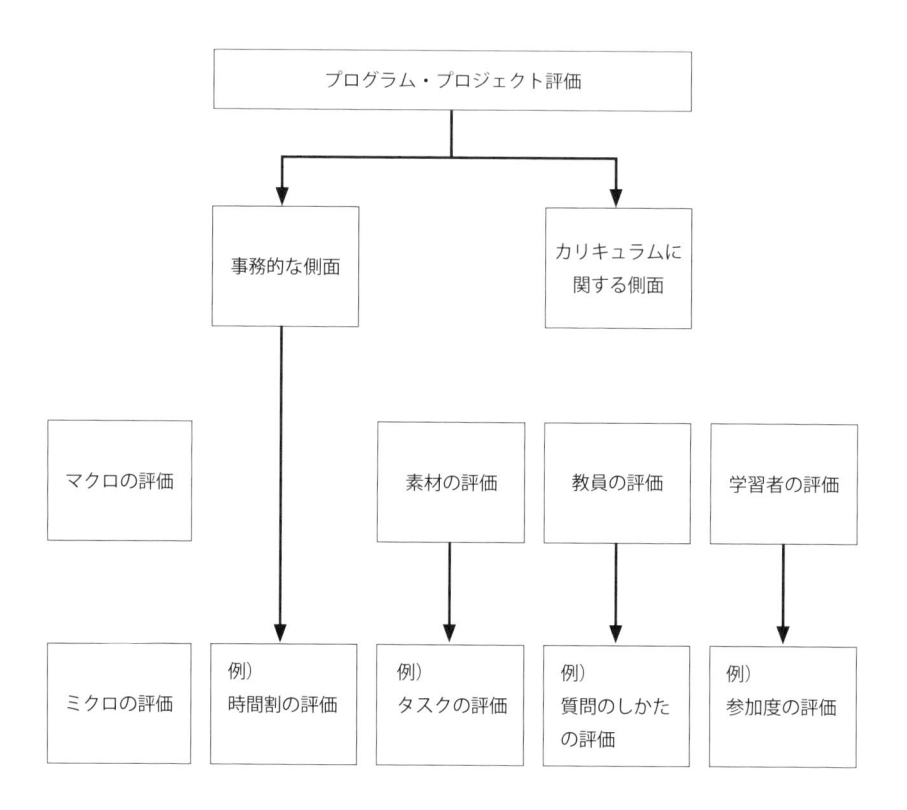

図6 言語教育におけるマクロ・ミクロ評価 (Ellis (2011))

Ellis（2011：215）によれば、マクロの評価はプログラム全体としての評価で、次の２つの質問のいずれか、あるいは両方に対する答えを探すものとして定義できます。

（１）当該のプログラムは目標達成という点に鑑みると、どのくらい効果があったか。
（２）当該のプログラムはどのように改善できるか。

　マクロの評価を行うには、スケジュール、予算、人員などの事務的な（administrative）側面と、カリキュラムに関する（curricular）側面についてのデータが必要です。
　一方、現場で日々の実践に取り組んでいる教師にとっては、プログラム全体としての評価よりも、毎日の評価、課ごとの評価、さらには、特定のアクティビティや指導法がうまくいったかについての評価のほうが身近なものに感じられるでしょう。これがミクロの評価です。ですから、マクロの評価はトップダウンの、ミクロの評価はボトムアップの評価であるとも言えます。また、一連のミクロの評価を集めたものがマクロの評価になるとも言えましょう。
　これを教科書開発にあてはめてみましょう。教科書開発も、まず事務的な面とカリキュラムに関する面に分けることができます。後者はさらに素材、教師、学習者の３つに分けられ、素材についての評価は言語面と指導面の２つに分けるとわかりやすくなります。たとえばある「文法」（素材の言語面）の項目をどのような「タスク」（素材の指導面）にして、それをどのような「アクティビティ」（教師）として扱えば、「理解」（学習者）が進むかといった具合に評価することになります。
　教科書開発の評価は、この図６に並べられたさまざまな観点から見た評価を、第１章第３節で述べた開発のプロセスという時間軸に乗せてフィードバックするということになります。つまり、フィード「バック」なので、開発プロセスの評価よりも前のどこかの段階、すでに通過してきて終わっている段階に「戻す」わけです（評価①）。そうして一度戻ったプロセスがまた作成や使用につながっていきます。

表2 教科書開発のミクロの評価

素材		教師	学習者
言語面	指導面	指示	参加度・形態
音声	タスク	質問	理解
文法	説明	アクティビティ	定着
語彙	例文	教授法	・
・	文章	使いやすさ	・
・	イラスト	・	・
・	・	・	・

　最終的にはどこかの段階で「けり」をつけて出版することになるのですが、出版後はこれまでとは異なる、編集者や開発者が想定していない人も含む、より多くの使用者の評価を受けることになります。したがって、当然新たな評価がなされます。また、時間が経つにつれて古くなったり、鮮度が落ちたり、時代に合わなくなったりすることもあります。そうした評価すべてを受けて、教科書は使われなくなるか、または改訂されるかということになります。改訂につながれば、開発のプロセスは未来につながっていくことになります（評価②）。

　表2に挙げた観点は教科書選択のための評価でも使うことができますが、教科書開発に関する評価は教科書選択のための評価とは3つの点で異なります。

　まず、教科書選択のための評価においては、評価の際には教科書は完成しており、それに何らかの変更を加えるということはありません。あくまでも教科書の選択が目的だからです。それに対して、教科書開発のための評価は、評価の結果を一度作った教科書に還元して、多くの場合、変更や修正を行うことが前提になっています。

　次に、教科書開発における評価は開発プロセスという時間的な経過の中に組み込まれています。開発が完了した教科書を評価するということは、すでに終わった段階への差し戻しを意味しますが、それは後の教材開発に活かされることも多く、改訂に向けた未来への志向性があります。つまり、時間軸の存在が前提となっているのです。したがって、教科書を開発する際に当初

立てた計画や作った設計図、授業に即して言えばシラバスや目標に合っているかどうかをチェックしたり、素材となる文章集めや練習問題の作成などの段階にもう一度立ち戻る作業が、評価を開発に反映させる行動となります。

　そして、最後に、これまでに述べたことからも明らかなように、教科書開発の評価は実際に使ってみたうえでの評価であるということです。実際の使用（あるいは試用）を通して、教師側（設計どおりに使えるか、使いやすいか）と学習者側（意図したとおりの理解、定着、ひいては能力の向上が見られるか、効果が現れているか、また使いやすいか）の両者の観点から評価が行われます。開発プロセス自体が動的で時間的な概念を含むものであるうえに、実際の使用を通して行われる評価ですから、教授も学習も一定の時間が経過しないと評価の結果は出ません。特に学習効果の測定にはある程度時間がかかります。

　したがって、教科書開発における評価には教師ばかりではなく、学習者にも参加してもらうとよいと思います。実際に使用（試用）した教師に授業後にインタビューを行うのはもちろんですが、複数の教師にアンケートを実施したり、そのアンケートをもとにした著者との意見交換会を行ったりしてもよいでしょう。学習者の意見やコメントも、複数の学習者に対するアンケートやインタビューによって得ることができます。教師も学習者も、個別に聞くよりもグループインタビューのほうがいろいろな意見が出るかもしれません。使っている教科書が同じなので、それが刺激になって似たような意見や、また逆に、同じ箇所や項目について相反する意見が出る可能性が高いと思います。

　以下では、本節1.に挙げた吉岡編著（2008）とKomission für Lehrwerke DaF（1977）の観点を参照しながら、教科書開発における評価のポイントをいくつか挙げることにしましょう。教師側、学習者側、素材の3つに分けて見ていきます。

○教師側の評価の方法とポイント
・教育目標の記述はあるか。
・教材の目標（教育目標、指導目標）は達成できたか、できなかったとしたら、どこに原因があったか。たとえば、全体の構成、各課の配列（難易、既習

事項との関係)、レベル、練習の形式や量、全体および各課の量と授業時間の関係は適切かなど。
- 教育目標が達成されたとしても、さらなる改善点はないか。
- 使いやすさ(課の構成、ページの割付、イラストや写真の位置など)。
- 文法や語彙、質問、練習等に手直しは必要ないか。
- 説明や指示文のわかりやすさ。

○学習者側の評価の方法とポイント
- 学習目標の記述はあるか。
- 教科書全体の構成や目標は適切か。必要ならば、検定試験との関係の有無。
- 学習目標は達成できたか。学習項目は習得できたか、定着したか。それを測定するための仕組み(クイズなど)はあるか。
- 言語素材の理解のしやすさを考えた構成や量は適切か(課の構成、配列など)。
- 産出を促す言語素材や指導素材の配置は適切か(指示文、イラストなど)。
- 学びやすさ(指示文の明確さ、解答形式、余白、自習用の工夫など)。

○素材に関する評価の方法とポイント
全体の構成
- どの課も同じように構成されているか。教科書全体に一定の統一性があるか(たとえば、読解の教科書で、文章を読んだ後に必ず質問があり、その後に文法説明があるというような順序)。
- 教科書全体のバラエティーもあるか。たとえば、作文練習の刺激剤や形式に多様性があるか(表、グラフ、図、イラスト、写真、手紙など)。
- 課の配列順は適切か(課が進むにつれてレベルが上がるような配列、文章の長さ、文型や語彙の積み上げなど)。
- さまざまな種類や異なる話題の文章を扱っているか。
- 課の間に関連性はあるか(既習事項の反復や深まり)。
- 課を越えて全体に共通する素材や章の補足はあるか(文法説明書、語彙帳、音声教材など)。

各課の構成
- ・各課のレッスンポイントは明確か。
- ・素材のオーセンティシティーは保たれているか。
- ・オリジナルをそのまま／編集して／短くして／使っているか。
- ・教師が書き下ろした文章や会話の内容、レベル、長さは適切か。
- ・書き下ろした例文や練習の量、レベル、配列は適切か。
- ・選んだ文章や会話の内容、レベル、長さは適切か。

　これらのポイントを試用（使用）の際にチェックしたり、アンケート等の方法で確認するわけです。その結果を適当な段階の特定の箇所・項目にフィードバックして、修正が必要かどうかを判断します。そして、必要ということになれば、その箇所を修正します。ただ、修正はその箇所のみにとどまらず、他の部分にも影響が及ぶことが少なくありません。たとえば、文型や語彙の提出順を変更すると、他の文型や語彙にも影響します。また、例文や練習が多すぎるからといって削除すると、そこに含まれている重要な語彙も消えてしまうというようなことも起こりかねません。

　このような評価を教科書開発のプロセスに反映させるのは、とても神経を使う作業です。そして、印刷や製本をしてからでは遅いので、この評価①はプリントや仮印刷の状態で試用するときに行います。

　完成して出版された教科書も、何年か使っているうちにいろいろと変更を加えたい箇所が出てくることがあります。一度出版されているのですから開発のプロセス自体は終わっているのですが、評価②は日々の授業で受けているということもできます。出版当初は想定していなかった教師や学習者が使って、コメントをくれるというようなこともあります。また、今世紀に入ってまもなくヨーロッパ評議会が刊行したCEFRの広がりによって、言語教育を取り巻く事情が大きく変わったというような教育界の状況も、教科書の出版やテストの作成には影響を及ぼします。そうした事情や評価を反映させるべき箇所が多くなり、内容や例文が古くなったり、読解教科書の本文差し替えなどのように根本的な変更が必要になると、単なる修正にはとどまらず、教科書の改訂という作業を考えることになります。改訂にもさまざまな規模がありますが、上に挙げた評価のポイントやフィードバック、修正の作業そ

のものは評価①も②も変わりません。教科書の当初の理念や目標などの根幹は堅持したまま、内容の差し替えや変更を加えるのが一般的だと思いますが、評価②のほうが規模が大きく、時間もかかります。修正にとどめるか、改訂に踏み切るかの判断は、教科書の対象となる部分だけではなく、教科書作成者や出版社の意向なども関係します。

第2節　教科書は編者を離れて一人歩きを始める

1.『日本語中級 J501 ―中級から上級へ―』の概要

　本節では、教科書が出版されたあと、その使い方はユーザーの判断に委ねられるということを『日本語中級 J501 ―中級から上級へ―』を例に挙げて紹介します。そこで、まず『J501』（以下、このように略します）の概要を示しておきましょう。

1）『J501』は『日本語中級 J301 ―基礎から中級へ―』の続編で、500時間程度の日本語学習を終えた人のための教科書である。
2）「読む・書く」を柱に「話す」能力の向上を目指す。
3）文章の読み方を学習者自身に発見させる。つまり、問題発見・問題解決に対して学習者が積極的に取り組むことができる。
4）「ことばのネットワーク」の練習を通して、学習のプロセスの中で習得語彙の量的・意味的拡充ができる。
5）各課は、次のように10の部分から成る[2]。
　　（１）読むまえに
　　（２）本文
　　（３）読み方のくふう
　　（４）Q&A
　　（５）文法ノート
　　（６）練習A（文法）
　　（７）練習B（ストラテジー練習）
　　（８）ことばのネットワーク
　　（９）書いてみよう
　　（10）話してみよう
6）次のように全10課で構成されている。
　　第 1 課　文化と偏見

第 2 課　マナーもいっしょに「携帯」
　　第 3 課　「在外」日本人
　　第 4 課　心の交流
　　第 5 課　洋服の色で知る今日のわたし
　　第 6 課　ひとしずくの水にあふれる個性
　　第 7 課　乙女のバカ心
　　第 8 課　法とことば
　　第 9 課　李良枝からの電話
　　第 10 課　ゾウの時間ネズミの時間

　以上のような趣旨と構成で編纂された『J501』ですが、刊行後ユーザー(教師・学習者)にはどのように使われていったのでしょうか。次項2.で一つの事例を取り上げてみます。

2. 編者を離れた教科書

　文学作品が作家の意図するところから離れ、読者それぞれの「読み」によってその作品世界やメッセージが解釈されることは珍しくありません。教科書もひとたび公刊されれば、編者のもくろみとは違った使われ方をすることがあります。編者を離れて一人歩きを始めるのです。

　そのことを予期せぬこと、あってはならないこととしてすべて否定的にとらえる必要はないでしょう。本書の「まえがき」で、「教科書を教える」ではなく「教科書で教える」べきであることを述べましたが、教える教師によってその教科書がさまざまな使われ方をするのは、想定内のことと考えたほうがよいでしょう[3]。つまり、教科書はユーザー(教師・学習者)によってカスタマイズされてもよいものと考えるべきです。

　ここで言う「カスタマイズ」とはその教科書の理念や基本的な編集方針までを変えることではありません。基本的な理念や方針はそのままに、足りない部分を補足したり、余計な部分を削るなどして、ユーザーにとって使い勝手のよい教科書にするということです。

　こうしたカスタマイズのための活動が「勉強会」という名で行われ、その

活動を記録に残している実際例があります。日本語ティールーム教師ボランティア（2002）『シリーズ　テキスト勉強会　日本語中級 J501　まとめ編』日本語ティールーム教師ボランティア発行です。

　この冊子からはボランティアのみなさんの旺盛な探究心と熱意が伝わってきます。「教科書を教える」ではなく「教科書で教える」ことを体現した記録でもあり、『J501』の編著者からすれば、あらためて気づかされたり学ばされたりすることも多い「書評」でもあります。

　巻末に掲げた**参考資料4**は、その活動の一端を紹介させていただくために、同ボランティアの許諾を得て、同書からその一部を抜粋させていただいたものです。このときの勉強会では『J501』の「第1課　文化と偏見」が課題になっています。この課の各パートのコピーが**参考資料2**に掲げてありますので、併せてご覧ください。また、**参考資料3**には**教科書編集会議実況中継＜『日本語中級 J501—中級から上級へ—』の「第1課　文化と偏見」の「読むまえに」の原稿を検討する＞**が収載されています。教科書の編著者がその作成のプロセスにおいて何をどう議論したか、勉強会における議論と比べながらお読みになるのもおもしろいでしょう。

　日本語ティールーム教師ボランティアの勉強会で扱っているテーマは、文法的問題から社会文化的な問題まで多岐にわたっています。そして、その中で出されたコメントには『J501』の改善・修正すべき箇所の指摘や不足するところを補うものもあります。実際に教科書の当該箇所と照らし合わせながらでないと、そのコメントが出された根拠まではっきりと理解することはできませんが、いくつか例を挙げてみましょう。

第3課　「在外」日本人
　＜「読み方のくふう」のブランク埋め作業について＞
　・内容把握に役立つが、本文中のことばを出しすぎ。
　・本文を理解したかどうかの判断のスケールとして最後にする。

第4課　心の交流
　＜本文を読んで、学習者が難しいと思うところ＞
　・囲碁独特の言いまわしと比喩…打ち下ろす、一手一手、うまい手を打

つ　など
- 語彙が難しい…気心、沈思黙考、往々にして　など

第6課　ひとしずくの水にあふれる個性
　＜練習B　1　1・2　「見出しから本文を推測する」について＞
- 日本人ならその言葉が含んでいる意味がわかると思います。しかし外国人にとってはどうでしょうか。国や宗教により、結婚事情も多種多様となると思います。だから、単に、「見出しから本文を推測する」ことを学習者に求めるのは無理ではないかと思います。

第9課　李良枝からの電話
　＜「話してみよう」で話し合うテーマとして挙げてある選択肢[4]について＞
- 3）顔ぶれによっては面白い。
- クラス編成によっては、このテーマは適当ではないと思う。

　こうしたユーザーからの意見は改訂版を出すときのために真摯に受け止めて検討しなければなりません。そうすることによって、いったん一人歩きを始めた教科書もいずれ編著者（あるいはその後継者）のもとに呼び戻され、修正・改善が施され進化していくことになります。補うべきところの量の多さや必要度によってはそこから副教材も生まれることになるでしょう。

第3節 教科書のこれから

1. 近年の教育で注目される「新しい能力」と教科書開発

　近年、教育界では「リテラシー」「キー・コンピテンシー」[5]「生きる力」などといった新しい概念を聞くことが多くなりました。こうした概念をまとめて松下（2011：39）は「新しい能力」と呼んでいます。また、文部科学省（2014a：16）は「世界中で提案されてきた資質・能力のモデルには、少なくとも三つのタイプがある」として、OECD-DeSeCo などの座標軸モデル、国立教育政策研究所の 21 世紀型能力などの階層モデル、文部科学省の「生きる力」などの領域モデルを挙げています。

　言語教育の分野でも「気づき」「自律性（オートノミー）」「省察」「学習者中心主義」「ピア・ラーニング」「学びを学ぶ」「CLIL（p.114 参照）」などの言葉をよく聞くようになりました。そして、言語教育も、言語能力を身に付けたり、伸ばしたりするだけではなく、言語に限らない学習能力を養成したり、異文化や他者との関係性を築く基盤を作ったり、人格形成の一端を担ったりと、より広い文脈で語られるようになってきました。こうした能力の育成に関わるのは言語教育だけではなく、他の分野の教育や芸術やスポーツ等でもできることなのかもしれませんが、言語を通してそれらの多様な能力を身に付けていこうというのが、言語教育の分野での課題になっているわけです。

　こうした能力観の変化を受けて、教科書も言語（日本語）能力の向上を目指すだけではなく、学習能力や人間力を育てるものへと変わりつつありますし、この変化は今後ますます加速されることでしょう。また、そもそも言語能力を育てるためにもそうした「新しい能力」観をも投入しなくてはならなくなっていくに違いありません。それは、たとえば、文章の読解という行動でも日本語の文法や語彙、文字に関する知識だけを動員してテキストの理解を図るだけではなく、言語に関する知識や能力にとどまらない、より汎用性の広い能力（たとえば推測能力など）をも使っていることを考えれば、容易

に納得できることです。

　ここでは、こうした新しい能力観を踏まえて、教材や教科書のこれからについて考えてみたいと思います。

　はじめに、第2章第3節で例に挙げたドイツ語の初級教科書であるModelleシリーズ（三修社）の中から1つ例を挙げましょう。この教科書は『Modelle 1 neu』、『Modelle 2』、『Modelle 3』の3冊から成っていますが、どの教科書でもすべての課は最初のページにある「問題発見コーナー」から始まります。まだ習っていない文法や語彙ですから、わからなくてもしかたがないのですが、それまでに扱った学習項目や英語をはじめとする既習の外国語やイラストなどを活用して、学習者は、これからその課で学習する文法規則や語彙の意味を推測するのです。図7は『Modelle 1 neu』の第6課の「問題発見コーナー」です。学習者はこの14組の名詞の単数形・複数形のペアから、ドイツ語の複数形の作り方に関するルールを発見するという課題に取り組みます。ドイツ語の名詞は英語のように単数形に -s を付ければ複数形ができるのではなく、複数形の作り方には5つのパターンがあります。

Es gibt fünf Gruppen von Pluralformen. Sortieren Sie die Wörter.
複数形の規則を発見しましょう。名詞の複数形は大まかに5つに分類されます。さらに、その中の3つはウムラウトが関係して、また2つのグループに分かれます。

Universität	Universitäten	Rock	Röcke
Buch	Bücher	Zimmer	Zimmer
Restaurant	Restaurants	Haus	Häuser
Lehrer	Lehrer	Freund	Freunde
Katze	Katzen	Kind	Kinder
Tochter	Töchter	Stuhl	Stühle
Hund	Hunde	Hotel	Hotels

語尾の特徴	その他の特徴	例

図7　『Modelle 1 neu』第6課「問題発見コーナー」

ここで取り上げた複数形の作り方のような文法事項を、まず課の最初に習い、それに基づいて単語の単数形から複数形を作る練習問題を解くというのが一般的な方法かと思いますが、この教科書では学習者に複数形の5つのパターンという規則を発見させることから始まります。まさに、学習者に発見させる、気づきを育てるという方法をとっているのです。実際に授業でこの「問題発見コーナー」を扱った経験では、ほとんどの場合、学生たちは複数形の5つのパターンを言い当てることができます[6]。

　このように、問題を学習者自身に発見する機会を与えることによって、学習者は既有知識を活用し、推測能力を生かしてその問題を解決しようとします[7]。そして、その問題解決プロセスの中でさまざまな気づき（上の例では、たとえば、英語との違いやドイツ語特有のパターンなど）を得るのです。これからの教科書には、こうしたさまざまな知識や能力を生かせるような仕掛けを含めておきたいものです。

　教育や学習のプロセスで教師が主役を演じるのではなく、学習者の主体性を重視し、教師は学習者の学びをサポートする役割に回り、学習者が主役となって学習や教育を進めることを学習者中心主義といいます。学習の主導権を握っている学習者一人一人が、あるときは個人で、またあるときは協働して主体的に学びを築いていくわけです。これを教科書や教材にあてはめると、究極の学習者中心主義は教材の選択を学習者に委ねるケースということになります。たとえば、読解の授業では、学習者のレベルや専門分野もさることながら、何を読みたいかという関心が大きなウエイトを占めています。そして、学習者が複数いれば、関心も一人一人異なり、多種多様になります。そうした状況で多様な関心を調整して、学習者自身が教材を選ぶプロセスはそれ自体が学習やコミュニケーションの場になりえます。実際、そのような授業はすでに行われており、本シリーズの既刊『読解教材を作る』第3章第5節にその事例が詳しく述べられていますので、参考にしてください。

　しかし、教材の選択をすべて学習者に任せてよいかどうかについては、疑問が残ります。コース全体の目的や目標、教授・学習項目の決定などについては、やはり教師の関与が不可欠です。また、一つ一つの教材は学習者の選択に委ねることができても、教科書全体の開発をすべて学習者に任せるのは難しいのではないでしょうか。ただ、教科書開発のプロセスに学習者を参加

させることはできると思います。すでに述べた素材となる文章の選択だけではなく、しばしば学習者のほうが高い技術を持っているイラストやバックミュージックの編集などは、学習者に任せたほうがよいケースもあるだろうと思います。上述のドイツ語の教科書である Modelle シリーズでも、動画をまとめてシステムを作り、DVD にしたのも、その DVD のバックミュージックを作曲したのも、当時の学生たちでした。

このように、能力観が変わっていけば、教科書もその影響を受けて変化せざるをえなくなっていきます。

2. CLIL (Content and Language Integrated Learning)

近年注目されている教授法に CLIL (Content and Language Integrated Learning) があります。言語と内容を統合して教えるのですが、あくまでも内容を教えることが主眼で、言語教育が主たる目的ではありません。渡部・池田・和泉 (2011：12) は英語による CLIL を次のように定義しています。

> CLIL (Content and Language Integrated Learning) とは、教科を語学教育の方法により学ぶことによって効率的かつ深いレベルで修得し、また英語を学習手段として使うことによって実践力を伸ばす教育法のことで、学習スキルの向上も意図されている。さまざまな教育原理・技法を有機的に統合することで、高品質な授業を実現する洗練された教育法である。

これまでにも内容中心指導法 (CBI：Content-Based Instruction) のように、内容に重点を置いた教授法はありましたが、CLIL は内容 (content)、言語 (communication)、思考 (cognition)、協学 (community) の 4 つの C を「有機的に結びつけパッケージングした点」(渡部・池田・和泉 2011：4-5) が画期的だと言います。CLIL と CBI の違いや、CLIL が画期的かどうかはさておき、言語教育と教科教育の協働が関心を集めていることは間違いないでしょう。つまり、ここで問題になっているのは、1) 言語教育では言語を教えるだけではなく、内容も教える、2) 言語教育を担うのはもはや言語に関

する教科（国語、日本語、英語など）だけの課題ではない、という2点です。

しかし、この2点は決して新しいことではなく、日本語教育でもすでに10年ほど前から話題になっています。たとえば、日本語指導が必要な外国人児童生徒に対する教育で文部科学省が開発した「学校教育におけるJSLカリキュラム」では、日本語指導と教科指導の統合が強調されています。また、留学生に対してしばしば行われる、いわゆる積み上げ式の教育でも、上級や超上級の段階では専門の内容と日本語教育をいかに関連づけるかが常に課題の一つになっていました[8]。

この問題を教科書の開発に即して考えると、教科書開発のプロジェクトを言語以外の専門家と協働で行うということが挙げられます。これも新しいことではなく、これまでにも、たとえば経済学や理工学系の分野のための日本語教科書[9]など、日本語教育の専門家が他の分野の専門家と一緒に開発した教科書はありました。また、いわゆるJSP（Japanese for Specific Purposes）の教材も少なくありませんでした。

ですから、日本語教育の分野ではCLILはそれほど新しい教授法とは思えませんが、教科書を日本語教育と他の分野の専門家がどのように協働して開発していったかという、コラボレーションの記録はあまりないのではないかと思われます。そうした記録は今後この種の教科書を開発していくうえで、役に立つに違いありません。前提とすべき知識や技能、日本語のレベル、専門の用語や語句の扱いなどをどうするか、日本語と専門分野をつなげる教科書をどのような順序で作り上げていくのか、また、その際どちらが主導権を握るのかなど、興味深い課題はたくさんあります。

3. デジタル教材

インターネットの発達によって教材の電子化が進み、教育・学習の多様性が増しています。情報通信技術（ICT）の活用については、文部科学省が総務省と連携して、小中学校を対象に2011年度から3年にわたって進めてきた「学びのイノベーション事業」があります[10]。ここではデジタル教科書・教材に絞って考えてみましょう。文部科学省（2014b：157）によれば、

いわゆるデジタル教科書は、「デジタル機器や情報端末向けの教材のうち、既存の教科書の内容と、それを閲覧するためのソフトウェアに加え、編集、移動、追加、削除などの基本機能を備えるもの」であり、主に教員が電子黒板等により子供たちに提示して指導するためのデジタル教科書(以下「指導者用デジタル教科書」という。)と、主に子供たちが個々の情報端末で学習するためのデジタル教科書(以下「学習者用デジタル教科書」という。)に大別される。

とされています。このうち、特に開発が求められているのは、後者の学習者用デジタル教科書です。文部科学省の上記の事業で開発された学習者用デジタル教科書には次のような機能があります(文部科学省 2014b：159)。

表3 学習者用デジタル教科書・教材の主な機能

機能	機能
拡大機能	画面を大きく拡大して見ることができる
音声再生機能	詩の朗読や英語の読み上げや発音などを聞くことができる
アニメーション機能	アニメーションや動画を見ることができる
参考資料機能	教科書紙面にはない画像や資料を見ることができる
書き込み機能	画面上に線や文字を書くことができる 画面上で、ノート、カード、マップ、ふせんなどに考えを書くことができる
作図、描画機能	画面上で、図を動かしたり数を変えて調べることができる
文具機能	画面上で、分度器やコンパスなどを使うことができる
保存機能	画面への書き込みなどを保存し、また、見ることができる
正答比較機能	正解を画面に出して自分の答えと比べたり、発音を音声認識して自動チェックしたりすることができる

これらの機能を見ると、従来の紙媒体の教科書では、周辺教材(DVD、CD)や機材(DVDやCDのプレーヤー)、辞書、ノート、マーカー、ふせんなどを用いて行ってきた学習を、学習者用デジタル教科書では一つに取り込んで行えるようになっていることがわかります。便利になっているだけでは

なく、アニメーション機能のように動画が見られたり、参考資料機能のようにマークした部分の説明や画像がすぐに見られたりと、学習の方法が拡張されているので、動機づけも高まり、知識の吸収や活用の可能性も広がっています。日本語の教科書でも、こうした機能があれば瞬時のうちに、わからない語句の意味や漢字の読み方を検索したり、発音やアクセント、イントネーションを聞いたり、専門用語や固有名詞についてのビジュアルな情報を入手したりできますので、自習の能率や効果は上がるでしょう。また、教科書開発という点に関しては、積み上げ式ではなく、各課の独立性が高い読解の教科書のような教材では、素材の入れ替えが比較的容易にできるので、古くなったり、アクチュアルではなくなったものは、話題性のあるものに交換できます。冊子体の教科書だと一部だけを替えるわけにはいかないのに比べると、機能性、柔軟性が高いと言えるでしょう。

このように、デジタル教科書には紙媒体の教科書にはなかった、さまざまな学習者の動機づけや一人一人異なる個別学習[11]の可能性を高めるなど、学びの質や形態を変えていくことでしょう[12]。確かに、この方面の技術は日進月歩で進んでいますが、技術の進歩を喜んでばかりはいられません。ICTに頼りすぎて自分で考えることを疎かにしたり、教師と学習者、学習者どうしが直に接する機会が少なくならないように気をつけなくてはなりません。

4. 反転授業における教科書の役割

従来型の授業とは逆に、学習者がビデオ等を用いて新しい内容を予習しておき、それについての課題を教室で行うタイプの授業を反転授業と言います。3. で述べたデジタル教科書、特に近年普及してきたタブレット型端末にビデオ等の内容を入れておき、学習者はそれを活用して予習をします。反転授業では、このタブレット型端末が教科書の役割を果たすと考えられます。

文型や語彙・表現の指導が中心になる初級の教科書では「理解－定着－応用の手順を踏まえた効果的な練習方法の開発研究が重要不可欠な課題」[13] なので反転授業は難しいかもしれませんが、ある程度レベルが高くなり、多少なりとも学習者が自分で産出できるようになれば、反転授業はできると思います。また、初級でも対話型の授業[14]で組み立てていく場合や、産出能力

が多少伴っていなくても、学習者に主張や意見がある場合には、反転授業のような形式を取り入れることはできるでしょう。その場合、教科書（としてのタブレット型端末）は次のような役割を期待されることになるでしょう。

① 通り一遍の知識を伝授するのではなく、ディスカッションを引き起こす刺激やきっかけになるようなものであること。
② 未知の内容はできるだけ簡単にわかりやすく導入すること。
③ 紙媒体の教科書ではできないタブレット型端末ならではの利点を活かすこと（たとえば、動画の使用、立体的な表示など）。
④ インターアクション型の学習ができること。

この4点はタブレット型端末に限った特徴というわけではなく、紙媒体による教科書にもあてはまるものもありますが、①、②、④は、教科書がタブレット型端末に替わったために、これまで以上に自律的な学習が進み、学習効果が上がることが期待されていると言えるでしょう。

反転授業では、教科書に載っている記述が賛否両論を巻き起こしたり、疑問を抱かせ、探究心を深めたりして、いわば学習を展開する触媒としてのはたらきをすると考えることができます。そうなると、教科書も従来のいわゆるPPP（Presentation － Practice － Production）アプローチが、同じPPPでも（Presentation － Production（＝ Discussion）－ Practice）へと順序が変わるなど、新しいアプローチへと変わっていく可能性が出てきて、教科書開発も新しい次元へと歩みを進めることになるでしょう。

5. 社会的な存在としての人間を育てる役割を果たす教科書の開発

外国語の教科書は学習者に音声や文法、意味などの言語の形式的な側面だけではなく、そこで扱われている意味内容をも伝えるようにと考えられています。このことは、19世紀末にヨーロッパで外国語教育改革運動の旗頭となったヴィルヘルム・ヴィエトー（Wilhelm Viëtor）が主張しています。ヴィエトーは当時の外国語の読解教材について、その言語を話す国や地域の風物

や社会的な要素などを盛り込むべきであると述べています。その後、この主張は、戦後のドイツ語教育でしばしば話題になった地誌(Landeskunde)をめぐる議論に受け継がれ、盛り込むべき内容も単なる学習対象となる国や地域の風物や習慣だけではなく、歴史、文化、経済、政治などの周辺の分野にも広がっていきます。そして、今から40年ほど前にコミュニカティブ・アプローチが登場し、コミュニケーション能力の養成に重点が置かれるようになると、社会文化能力や異文化理解能力、異文化間コミュニケーション能力が問題とされるようになります。そこでは、異なるもの、未知なるものとしての他者の理解だけではなく、より深い自己理解を含む相互的な理解、そして、それを実現する対話の重要性がクローズアップされます。近年はさらに、異なるものに対して開かれているという姿勢は健全な市民が備えているべき素養であり、外国語教育もその市民性(citizenship)の涵養に資するべきものであるという主張が、とりわけヨーロッパでしばしば聞かれるようになりました。

　以上のような史的な変遷の概略を踏まえて、現代の教科書の役割を再考してみましょう。教科書は普通、教育や学習という場において使われます。教育や学習には子どもを対象としたものと、大人を対象としたものがあります。前者は一般に学校教育と呼ばれる、学校という制度の枠組みの中で行われます。それに対して、後者は学校で行われることもありますが、それ以外の制度、たとえばカルチャーセンターや会話学校、スポーツジムなどでも行われます。こちらは社会教育と呼ばれます。

　教育を受けることによって、人は社会的な存在へと育っていきます。学校教育の果たす役割は、第一義的にはその社会において社会的な存在として振る舞える人間に育てることです。外国語教育に的を絞って考えてみましょう。数年前から日本でも初等教育で外国語活動が行われるようになっていますから、学校教育の早い段階にも異文化の要素が取り入れられていますが、学校教育はほとんどの場合、自文化における社会化、自文化への社会化を目標としていると考えてよいでしょう。それに対して、社会教育では、すでに自文化の中で社会化した成人が、異文化との接触を通して、異文化の中で第二の社会化のプロセスを経験することとも言うことができるでしょう。それは異文化における社会化であり、異文化に向けた社会化でもあります。

日本語を含む外国語教育は、この異文化における社会化、異文化への社会化に大きく関わっています。それは異なる文化的背景を持った人に接したときや、文化の異なる社会において適切に振る舞える人間を育てることを目的とします。そうした人間になるためには、他者や異なるもの、異文化や多様性への気づき、またそれらに対する寛容なまなざしが求められます。それを身に付けられるように人間を育てるのが教育の役目であるとしたら、教科書はそういう意味での社会的な存在として人間を育てていく役割を果たす一つの手段であると言うことができるでしょう。

　では、そうした目的を持った教科書を開発するにはどうしたらよいのでしょうか。これはとりわけ教科書の内容面に関わることですが、多様性や異なりに目を向けさせる内容、それらを批判的に見ると同時に、受け入れられる態度を育てる内容、他方、自分が属する文化をよく知ると同時に、それを対象化し、距離をとって見ることを体験させる内容などが考えられます。そうした内容が多様性へのまなざしを育て、批判的、建設的に意見を表明できる態度を育て、また、日本語教育の場合は日本を知り、日本に関するさまざまなことがらを異文化を持った人たちに伝えることのできる能力や姿勢を育てることにつながります。その際、伝統的な日本文化やアニメなどに代表される現代の（サブ）カルチャーばかりではなく、現代の日本社会が抱える問題点を世界の人たちが共有する問題として提示することも大切です。Tomlinson（2012：162-163）も8つのポイントの1つとして受け入れ可能性（acceptability）を挙げ、センシティブな話題、ラディカルな話題を教科書に入れることの可否について論じています。しかし、それが可か否かだけではなく、可だとしたら、それをどのように取り入れ、扱ったらよいのか、否だとしたら、どのように改めるべきかも問題にしなくてはならないでしょう。また、日本人の欧米文化の崇拝によく見られるように、異文化には、逆に憧れや必要以上の美化をもって接することも多いので、冷静に他者と自己とを見つめる姿勢も大切だと思います。そういうまなざしを身に付けられるような教科書を開発するのは容易なことではありませんが、教科書開発者自身が普段から日本語教育の実践を通して、批判的に日本社会を見たり、異文化と新鮮な気持ちで接することができるように心がけておくことが肝心だと思います。それがひいては主張や態度表明のある教科書作りにつながっていきま

す。日本語能力試験の開発で一時期盛んに出題に関する中立性が議論されたことがあります。試験というものの性格上、中立性は重要なのかもしれませんが、それは教科書までが中立で偏りのないものであるべきだということを意味するものではありません。むしろ、主張や態度表明があるゆえに、学習者に考えさせたり、議論をさせたりする教科書のほうが、異文化への社会化を促す存在としての教科書としては望ましいと言えるのではないでしょうか。Tomlinson（2012：165）も述べているように、教科書は教育論、学習論だけではなく、目標言語・文化の価値観や世界観を伝えるものですが、それを無批判に受け入れさせるのではなく、建設的な批判精神を養うという役割もあることを忘れてはなりません。

（注 1）IDS (Institut für Deutsche Sprache)。日本の国立国語研究所に当たります。
（注 2）**参考資料 2** を参照してください。『J301』とほぼ同じ構成になっていますから、第 2 章第 1 節『日本語中級 J301 —基礎から中級へ—』の編纂プロセスを併せて参照することによって各パートの構成やねらいが理解できます。
（注 3）筆者はある日本語教育機関で『J501』を使った授業を見学させていただいたことがあります。経験豊かなベテランの先生の授業だったのですが、編者の意図とはおよそかけ離れたものでした。まず、先生が一度読み聞かせ、次に 1 文ずつ区切って語の意味と文法の説明を行うというものでした。このような例も想定内のこととみなすべきなのでしょうか。教師用マニュアルも刊行されているのですから、編者としてはこのような例までよしとしようとは思いません。
（注 4）次の 3 題です。
　　1）（1）「何々人」や「何々系何々」という表現をあなたはどう思いますか。
　　　　（2）（1）で考えたことを手掛かりにことばとアイデンティティーの問題について友達と話し合ってみましょう。
　　2）母国を離れて暮らしている人々の問題について話し合ってみましょう。
　　　　（1）一時的な場合について
　　　　（2）永住の場合について
　　3）人間にとって「母国」や「母語」とはどんなものだと思いますか。
（注 5）詳しくはライチェン、サルガニク編著、立田監訳（2006）を参照してください。
（注 6）能力や適性によってさまざまなタイプの学習者がいますので、問題発見ができない学習者に対するケアも必要です。
（注 7）日本語の読解の教科書も一昔前までは各課の冒頭に本文が置かれているタイプがほとんどでしたが、25 年ほど前から本文の前に「読むまえに」とか「プレリーディング」と呼ばれるページが置かれているものが増えてきました。それによって、文字どおり学習者が本文を

「読むまえに」既有知識を活性化したり、レッスンポイントに集中したりできるようにしようと考えるようになったのでしょう。ボトムアップの読みだけではなく、トップダウンの読みも読解では不可欠であるという理解が進んできたからでもあります。

(注8) たとえば、高宇ドルビーン(2007)、張(2007)など。
(注9) たとえば、藤森・野澤(1992)、山崎・富田・平林・羽田野(1992)や、東海大学留学生教育センターが編集した数学、物理、化学の教科書など(参考文献p.174参照)。
(注10) 文部科学省(2014b)。特に「第5章 学習者用デジタル教科書・教材の開発」を参照してください。
(注11) 近年、第2言語習得研究でも個別性や個人差の重要性が見直されています。小柳(2004：168)は「個人を見ずして、習得の全体像は明らかにならないと考えられるようになり、現在再び個人差研究への興味が再燃している」と述べています。津田塾大学言語文化研究所言語学習の個別性研究グループ編(2006)も参照してください。
(注12) 2015年4月21日の朝日新聞の報道によれば、文部科学省は小中高校で使う教科書のデジタル化を本格的に検討し、2016年度中に結論を出したいという意向だと言います。
(注13) 川瀬(2007：25)。
(注14) 授業における対話の重要性については三宅(2015)が、生活者としての外国人に対する対話型の授業については、岩見(2014)が示唆を与えてくれます。

あとがき

　今から 15 〜 6 年前のある日のことでした。『日本語中級 J501』の編集会議を終えたあと、「マニュアルとは別に編集の記録を『Making of J501』のようにして出すのもおもしろそうですね」とつぶやいた人がいました。平高史也でした。関正昭の頭からはそのことがずっと消えずにいました。

　そして、それから 5 年後、今がその時だと関は平高、土岐哲（故人）に呼びかけ、"つくる"シリーズ」の刊行に向けて動き始めました。2005 年 5 月のことでした。第 1 巻『会話教材を作る』の刊行は、さらにそれから 5 年後の 2010 年 5 月を待たなければなりませんでした。以後、『漢字教材を作る』『読解教材を作る』『作文教材を作る』『テストを作る』『聴解教材を作る』と続き、ここにようやく『教科書を作る』を刊行することができました。

　十年一昔と言いますが、科学の進歩・社会情勢・国際情勢の動きなどと相俟って日本語教育界を取り巻く環境も変化し続けています。今や五年一昔と言ったほうがよいのかもしれません。この『教科書を作る』も、その草稿の大半は 10 年ほど前にできあがっていたのですが、完成稿までには幾度もの書き換えを余儀なくされました。

　「"つくる"シリーズ」すべての巻には次のような刊行の趣旨が貫かれています。

1 ）自分たちの手で教科書や教材を作ろうと考えている方々に、教科書・教材作りのプロセスとノウハウ、留意すべきことなどを紹介し、役立てていただく。
2 ）「教科書・教材制作のプロセスの記録」を後世に残す。
3 ）未来につなげるための新たな教材論の展開を促す。

　2013 年 7 月 27 日に、スリーエーネットワークの設立 40 周年記念行事として「『教える』と『学ぶ』をつなぐ—教科書のこれから」と題したパネルディスカッションが行われたのですが、そこでも日本語教科書の過去を振り返り、現状と問題点をとらえ、教科書の未来について論じ合いました。その概要を、平高がスリーエーネットワークの日本語情報誌「Ja-Net」No.67

に寄稿しています。そのなかで、日本語教科書はどのような役割を果たし使われるべきかを考えるには学習環境のデザインの視点から見ていくべきだと述べています。そして学習環境のデザインは、次のように２つの見方でとらえられるとしています。

　1）学習環境に関わるさまざまな要素を掛け合わせていった先に生まれる環境というものがある。要素が織りなす学習環境とも言える。たとえば、「国内」の「日本語学校」で、「大学への入学」を目的にした「留学生」を対象とした「初級」のクラスを作るというようなケース。教科書の外に広がる、教科書を取り巻く学習環境ということもできる。

　2）教科書が、その使用者である教授者と学習者の心の中へ入り込み、想像力（創造力）を生み出し、知識や世界観を変え、人間形成のきっかけともなるという見方もできる。教科書を使うことによって人間形成の進んだ使用者（教授者・学習者）が他の使用者とつながり、学習環境を組み替えたり、新たな環境を作ったりしていく。教科書が紡ぎ出す学習環境とも言える。教科書は、それを使って、文法や語彙を学び、言語コミュニケーションを展開するばかりでなく、人間を作っていくもとにもなると考えられる。

　つまり、教科書はそれを核にして、教師と学習者、学習者と学習者、教師と教師のつながりを生み出す触媒のようなものであって、一人一人の人間を育て、教科書によって育てられた人間どうしがつながることによって、新たな世界が作られていくというわけです。

　私どもが執筆・編集にたずさわった教科書がそのような役割を果たせているか（果たせてきたか）と問われれば、「はい」とも「いいえ」とも答えることはできません。その答えは、使用者である教師と学習者からいただけるはずのものだからです。日本語教育の歴史に大きく刻まれている教科書もそうして評価された結果の顕われとも言えましょう。

　本書執筆にあたっては多くの方々のお世話になりました。鶴尾能子さんには資料のご提供と執筆内容に対するご助言をいただきました。新内康子さんからは粗原稿の段階からコメントをいただき、関との共同研究の成果の一つである「教科書の系譜の図」の使用も快諾していただきました。久津間幸子さんには論文からの引用を快諾していただきました。丹下ユリさんをはじめ日本語ティールーム教師ボランティアのみなさんには『シリーズ　テキスト

勉強会　日本語中級 J501　まとめ編』、『同　資料編』からの一部転用（本書 pp.160-172）を、また、Riessland, Andreas さんをはじめ『Modelle 1 neu』の共著者のみなさんには同書からの一部転載（本書 p.112）を快諾していただきました。藤嵜政子さん（2014年4月にスリーエーネットワーク社長に就任）とは30数年もの長いおつきあいになるのですが、最近では『みんなの日本語 中級』の編纂でご一緒させていただき、本書においては資料収集の面でご支援いただきました。第一編集部部長の佐野智子さんには刊行までの全工程において的確なアドバイスをいただき、同編集部の相澤洋一郎さんにはこちらからの面倒な要請にもきめ細かく対応していただきました。記して感謝申し上げます。

　最後に一言付記させていただきたいことがあります。「"つくる"シリーズ」の刊行に向けて具体的な作業に取り組み始めたのは、上に述べたように2005年5月のことだったのですが、編者として、また『音声教材を作る』の著者としてその「仕事」を成し遂げるはずだった土岐哲さんがそれから6年後の2011年6月に鬼籍の人となってしまいました。本書の第2章ではお名前が何度も登場していますが、本書の編者としてここにお名前を連ねていただけなかったことが残念でなりません。あらためてご冥福をお祈りして筆を擱きます。

2015年5月

関正昭

平高史也

◆参考資料1

1.『日本語中級 J301 —基礎から中級へ—』の概要

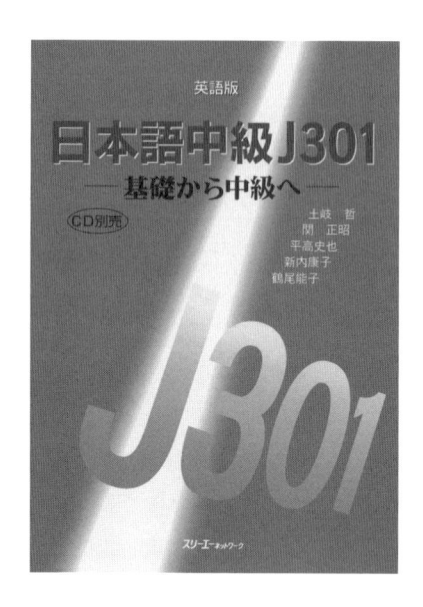

1)「J301」という数字が示しているように、初級約300時間終了後から中級段階への橋渡し教材としての性格を備えています。
2) 読み・書きを軸とする言語能力の養成を目指しています。
3) 自己開発能力の養成を目指しています。たとえば、読むという行為で言えば、その行為を能動的なものとしてとらえ直します。読みとは、本来、読み手が既存の知識や技能、経験等を投入して文章と対峙し、そこに自らの問題を発見し、解決していくというプロセスなわけですから、トップダウン的な読みを習慣づけることによって、初級段階とは違うより能動的な学習を目指します。
4) 各課は、次のように8つの部分から成ります。
　（1）読むまえに
　　　本文を読む前に、学習者の持っている背景（知識）を引き出し、活性化することを目的としています。写真、イラストなども使って知識や関心を喚起します。

(2) 本文
(3) 文章の型

文に型があるように文章にも型があるとして、これを文章の型と呼びます。それを明確にするために各課の本文を図式化して示しています。

(4) Q&A

学習者が自分の読みをチェックするためのものです。原則として多肢選択問題や自由な討論を促す設問から成っています。

(5) 文法ノート

初級300時間終了以降の段階で必要と思われる文法事項を本文から拾い上げて、外国語で説明をしています。

(6) 練習

「文法ノート」で取り上げられた文法事項の練習をします。

(7) ことばのネットワーク

練習、ことば1、ことば2の3部から成ります。

練習は主として本文に出てくる新出語を取り上げ、「新出語を既出語で表現する」「造語力を養う」「動詞と助詞の共起関係などに留意する」ための練習をします。

ことば1は、本文に使われている語の中から使用価値の高い語を取り上げ、その語のレパートリーの拡大を目指します。

ことば2は、後に続く「書いてみよう」「話し合ってみよう」で使えそうな語彙をあらかじめ練習しておくためのコーナーです。

(8) 書いてみよう・話し合ってみよう

「読む」だけでなく「書く」「話す」のプロダクションの練習も必要だと考えて設けました。

「書いてみよう」では、日本語の作文にあまり慣れていない人のためには、本文の書き方を参考にして書けるようにヒントを与え、ある程度書き慣れている人のためには、書く内容を自由に考えられるようにしてあります。

「話し合ってみよう」では簡単なディスカッションやディベートをするために、学習者どうしで助け合って練習ができるようにして

あります。
5）次のように全10課で構成されています。
　　　第 1 課　舌を出したアインシュタイン
　　　第 2 課　わたしと小鳥と鈴と
　　　第 3 課　「デスクトップ型」？「ブック型」？
　　　第 4 課　ながーい日本列島―南北でこんなに違う梅の開花日―
　　　第 5 課　待ってイライラ。あなたはどれだけ待てますか？
　　　第 6 課　お化けと幽霊
　　　第 7 課　あのときはどうも
　　　第 8 課　クジラと日本人
　　　第 9 課　サルの視力検査
　　　第10課　子どもの絵
6）新出語彙は788語です。
7）学習時間は120時間を想定しています。

2.『日本語中級 J301 ―基礎から中級へ―』の「第8課 クジラと日本人」の課構成と内容

8

クジラと日本人

36-37

日本人は昔からクジラと親しんできた。また、クジラは食べ物としても貴重なタンパク源だった。だから、クジラを食べることは日本人の文化であり、これを守るべきだという意見が日本にはある。一方、イギリス人やアメリカ人などクジラの油を得るために18世紀からクジラを捕っていたが、クジラを食べる習慣はない。そのため、彼らは「日本人は知能の発達した動物を食べる民族」と非難している。

捕鯨に反対する人たちは、クジラは哺乳類だから魚類と分けて考えるべきだと主張する。一度に1頭か2頭しか子どもを産まない哺乳類は、一度に何千、何万という卵を産む魚類といっしょにはできないというのだ。また、この考え方の裏には、クジラは神が作った神聖な生き物であるといった宗教上の理由もあるようだ。

これに対して、捕鯨を進めようとする人たちは、生物資源は基本的に魚もクジラも同じで、利用できるものは利用すべきだという。そして「IWCの決定は科学的ではない」「ある特定の種だけを神聖な生物だとするのはおかしい」と反対している。

このように、捕鯨の問題はさまざまな国民の感情や国際問題が絡んでおり、どの国の意見が正しいとは簡単には言えない。

大槻義彦『学校で教えない科学常識クン、ホントに知っているつもりで大間違い』
KK経済界より

読むまえに

① 次の動物を見てどんなことを連想しますか。話し合ってみましょう。

たとえば…

| 大きい | 小さい | かわいい | おとなしい | 賢い | 怖い |
| 強い | 弱い | 速い | 遅い | きれいな | 汚い | 神様 | 乳 |

② わたしたち人間はこれらの動物をどんなことに利用しているか、考えてみましょう。

Q&A

① 次の文はクジラといういろいろな国の人との関係について書いたものです。日本人のことについて書いてある文にはA、イギリス人やアメリカ人について書いてある文にはBを書きなさい。

1) クジラを食べる習慣がある。　　　　　　　　　　（　　）
2) クジラを食べる習慣がない。　　　　　　　　　　（　　）
3) クジラを捕ってそこその油を利用していた。　　　（　　）
4) クジラを捕ってそこその肉を利用していた。　　　（　　）
5) 自分たちの文化を守るために、クジラを食べることを続けるべきだと思っている。　　　　　　　　　（　　）

② 日本人はイギリス人やアメリカ人に何といって非難されていますか。

(a) 一度に1～2頭しか子どもを産まない哺乳類を食べる人たち。
(b) 知能が発達した動物を食べる人たち。
(c) 一度に何千、何万という卵を産む魚類を食べる人たち。
(d) 高価な生き物を食べる人たち。

文章の型

　　　　　に適当な語句を入れて、この文章の型をとらえましょう。

捕鯨を進めようとする人たち	捕鯨に反対する人たち
・_____	・イギリス人、アメリカ人
・昔からクジラは_____として	・_____ためには18世紀からの捕鯨
・貴重なタンパク源_____これは	・クジラを食べる習慣は_____と日本人を非難
・クジラを食べることは日本人の_____べき	・クジラは哺乳類だから魚類と_____という宗教上の理由
・IWCの決定は_____	
・生物資源は基本的に魚なもクジラも_____べき	
・特定の種だけを神聖な生き物とするのは_____	

↓（このように）

捕鯨の問題：さまざまな国民の感情や国際問題が絡んでいる
　　　　　　→どの国の意見が正しいかは_____

③ 次の文は捕鯨に関する意見です。捕鯨に賛成している人たちの意見にはA、反対している人たちの意見にはBを書きなさい。

1) 生物資源として、基本的に魚と哺乳類は違う。 ( )
2) 生物資源として、基本的に魚も哺乳類も同じだ。 ( )
3) 哺乳類は子どもを少ししか産まないので、大切にすべきだ。 ( )
4) 人間にとって役に立つものは利用すべきだ。 ( )
5) 特定の種だけを特別のものとするのはおかしい。 ( )
6) 捕鯨に関する規則の決め方は科学的でない。 ( )
7) 神聖な生き物を食べるべきではない。 ( )

④ 筆者は捕鯨に関してどのような意見をもっていますか。

Grammar Notes

1 N + として *under the pretext of ~*

This pattern implies (a)'with the qualification of ~', (b)'in a position of ~' and (c) 'under the pretext of ~'/ with a consideration to be ~' as follows:

(a) わたしは留学生として日本へ来ました。
I came to Japan *as a foreign student*.

(b) この学校で日本語を勉強している学生の一人として意見を言います。
I would like to say my opinion *as one of the students* who study Japanese at this school.

(c) わたしは趣味として野菜や果物を作っています。
I grow vegetables, fruits, etc. *as my pastime*.

In the text, クジラは食べ物として貴重なタンパク質源だった。(*As food*, whales were a valuable source of protein.) is the same usage as (c).

2 一方 *on the other hand*

一方 as a conjunction is used to change from some topic to another contrasting topic, as in the sentence in the text, though 一方 as a noun refers to one of two things that were mentioned before.

The following example shows the conjunctive meaning.

沖縄ではもう桜が咲いている。一方、北海道ではまだ雪が降っている。
Cherry blossoms have already come out in Okinawa. *On the other hand*, it is still snowing in Hokkaido.

3 そのため *so, for that reason*

そのため is a conjunction to indicate a cause or a reason. Sometimes に is added to it:

参考資料1 | 131

そのために. そのため, which refers to the preceding sentence, connects that sentence with the following sentence as follows:

今年の夏は蒸し暑い日が続いた。**そのため**、クーラーが全然売れなかった。

Cool days continued this summer. **For that reason**, airconditioners did not sell at all.

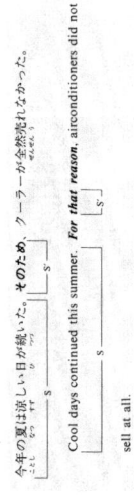

S' refers to S. The above two sentences can be combined into one as follows:

今年の夏は蒸し暑い日が続いた**ため**、クーラーが全然売れなかった。

③ **dictionary form + べきだ (べきです)**   *should do, ought to do*

This sentence pattern means "it is proper to do" or "it is reasonable to do". In the case of する, すべきだ is usually used, not するべきだ. クジラを食べることは日本人の文化であり、これを守るべきだ. (Because eating whale meats is part of the Japanese culture, we *should* follow this) in the text can be expressed クジラを食べることは日本人の文化であり、これを守らなければならない.

The difference between ～べきだ and ～なければならない is that ～べきだ does not imply that a person must do it even if he doesn't want to do, but that ～なければならない. Therefore, sometimes ～べきだ cannot be used instead of ～なければならない, as in the following example:

○ あしたは日曜日だけど、部長に頼まれたから会社へ行かなければならない。
  Even though tomorrow is Sunday, *I must go* to the company as I was asked to go there by the head director.

→ × あしたは日曜日だけど、部長に頼まれたから会社へ行くべきだ。

The negative form of ～べきだ is ～べきで (は) ない.

④ **～に対して**   *in contrast to ～, although ～*

～に対して is used in the following way:

2月と3月はたいへん忙しい。**それに対して**、8月・9月は暇だ。

February and March are very busy. *On the other hand,* August and September aren't.

兄は太っているのに対して、弟はやせている。

Though my older brother is fat, my younger brother is thin.

In short, ～に対して is used when X is somehow in contrast to Y.
(→ L3 p.43 ⑤ X に対する Y)

2 例のように書いて読みましょう。

例：わたしは留学生ではない。わたしは留学生として日本へ来ました。
→ わたしは留学生としてではなく就学生として日本へ来ました。

1) 個人ではない。グループの代表だ。わたしは意見を言おうと思いま
す。
わたしは意見を＿＿＿＿＿＿＿＿＿＿＿＿＿。

2) 日本語は趣味ではない。日本語は専門の勉強をするための手段だ。
わたしは勉強しています。
わたしは日本語を＿＿＿＿＿＿＿＿＿＿＿＿＿。

3) 動物はペットではない。動物は人間といっしょに生活するものだ。
わたしは考えています。
わたしは動物を＿＿＿＿＿＿＿＿＿＿＿＿＿。

練習

1

例： A：あの人はいつも遅れて来ますねえ。
　　B：ええ、約束は守るべきだと思いますね。
　→（約束は守ります）

1) A：何を言ってるのかわかりませんねえ。
　　B：
　→（意見ははっきり言います）

2) A：税金が高いですねえ。
　　B：
　→（税金はもっと安くします）

3) A：田中さんの都合を聞いて決めましょう。
　　B：
　→（一人の都合で決めません）

参考資料1 | 133

③ 例のように書きましょう。

1. 例：先週あった試験は易しかった。それに対して、この試験は難しい。
   先週あった試験は易しくなかったのに対して、この試験は難しい。

1) デスクトップ型は持ち運びができない。それに対して、ブック型は持ち運びができる。

2) 8月は日本では夏だ。それに対して、ブラジルでは冬だ。

3) 日本は南北に長い。それに対して、インドネシアは東西に長い。

2. 例：日本は四季の変化があるのに対して、シンガポールは四季の変化がない。
   日本は四季の変化があるのに対して、シンガポールは四季の変化がない。一方、シンガポールは四季の変化がない。

1) Aさんは話すのが得意であるのに対して、ワンさんは書くのが得意だ。

2) 昔の人はのんびりと生活していたのに対して、現代人は時間に追われて生活している。

3) 年配の人は伝統的なものを大切にしようとするのに対して、若い人は新しいものを求めたがる。

④ CDを聞いてから、例のようにあなたの意見を書いて、それを読みましょう。

例：田中さんはそのお金を警察に届けるべきと思います。
   田中さんはそのお金を警察に届けたほうがいいと思います。

1)

2)

3)

⑤ (　)に使えないものを、(a)〜(d)のなかから一つだけ、選びましょう。

1) 地球はみんなのものだから、自然を(　)。
   (a) 守るべきだ　　　　(b) 守るわけではない
   (c) 守らなければならない　(d) 守ろう

2) 日本はクジラをたくさん捕ってきた。(　)、生物資源が不足してきた。
   (a) そのため　　(b) そのように
   (c) その結果　　(d) それで

3) CDをおおぜいの人が買うようになった。(　)、LPを買う人は少なくなってきた。
   (a) それとともに　(b) それに対して
   (c) それに関して　(d) 一方

ことばのネットワーク

練習

① ○に漢字を入れてことばを作りましょう。

1) 魚・人・哺乳 → ○ ← 書
2) イスラム・ユダヤ・キリスト → ○ ← 宗・仏
3) エネルギー・生物・地下・天然 → ○○
4) 国際・社会・外交・人種 → ○○

4) 統計によると、日本では高齢者が増えてきている。（ ）、結婚しない人も増えてきている。

(a) また (b) だから
(c) しかも (d) そして

ことば1　動物と人間

利用：畑を耕す　荷物を運ぶ　羊の番をする
　　　肉を食べる　皮を利用する
保護：クジラを保護する　動物の環境を守る　魚を養殖する
愛玩：小鳥を飼う　犬や猫を飼う　蛇をペットにする

ことば2

1. 捕鯨に関する論点
禁止　：継続
哺乳類：魚類
神聖視：食文化
感情的：習慣的
知能が高い：知能が高くない

2. 議論のときに使う表現
わたしもそう思います。
わたしはそうではないと思います。
わたしはそうは思いません。
…するべきだと思います。
…したらどうでしょうか。
…することにしましょう。

2　（　）にひらがなを一つ書きましょう。そして、____にからことばを選んで書きましょう。

1) このあたりにビルを建てる計画（　）____が、な
かなかうまくいかないようだ。
2) 自分の説（　）____のはいいのですが、ほかの人
の説をもっと聞いてください。
3) 鈴木さんの問題には（　）____ので、
問題を処理するには時間がかかるでしょう。
4) どうしていつもジョンさんはわたしが言うこと（　）
____のかわかりません。
5) 山田さんはアンヌさんにあんなことをしたのだから、「失礼な
人だ（　）」____のも無理はありません。

```
絡んでいる　　進められている　　主張する
反対する　　　非難される
```

書いてみよう

1. 「読む まえに」のイラストのなかから一つの動物を選び、その動物と人間との関係についてあなたの考えていることを書きましょう。

話し合ってみよう

1. 世界には、いろいろ「食べてはいけない」と言われているものがあります。豚肉、えび、かになどそのなかにあなたは入りますか。あなたはどう思いますか。

2. あなた自身は酒やたばこについてどう思いますか。

3. あなたは捕鯨についてどう思いますか。

『日本語中級 J301 ―基礎から中級へ―』「第8課 クジラと日本人」

3.「あっ、これなに？」

 「課」とは違ってコーヒーブレイク的なコーナーですが、この教科書の基本理念に関わる役割を担っています。本やプリントなどの印刷物を読むだけでなく日常生活のいたるところで行われている「読む」という行動に触れることの大切さを意識化させます。瞬時にスキミングやスキャニングをして読み取りができるような素材を集めてあります。

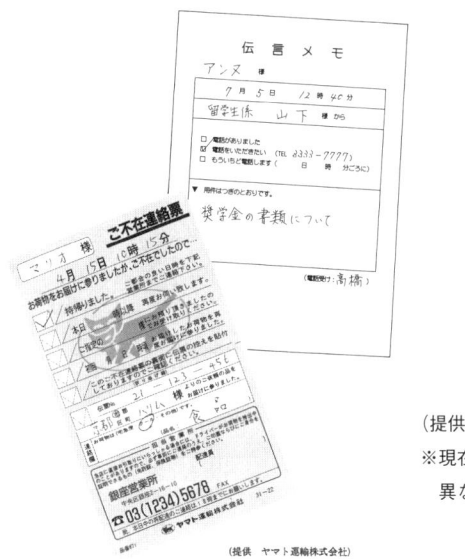

（提供　ヤマト運輸株式会社）
※現在の「ご不在連絡票」とは異なります。

『日本語中級 J301 ―基礎から中級へ―』「あっ、これなに？　1」

◆参考資料2

『日本語中級J501 —中級から上級へ—』の「第1課　文化と偏見」の課構成と内容

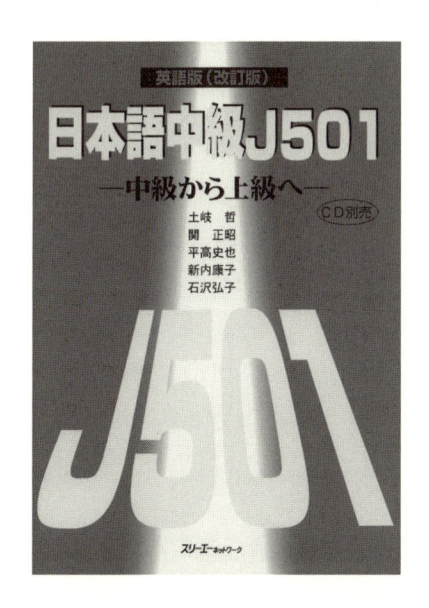

　まず、課を構成する各パートのねらいについて簡単に説明しておきましょう。

（1）読むまえに
　　『J301』とそのねらいはまったく同じです。できるだけペアやグループで話し合ったり作業したりできるようにしてあります。
（2）本文
　　メッセージ性が高く、多くの人の興味や関心を惹き付けられるような文章が選び抜かれています。
（3）読み方のくふう
　　本文を的確に効率よく読むための工夫を具体的に体験するコーナーです。『J301』では「文章の型」を扱いましたが、ここではそれに加えて「キーワードを探す」といった読みの技術を取り上げています。

（4） Q＆A
　　『J301』と同じく学習者が自分の読みをチェックするためのものです。
（5） 文法ノート
　　初級～中級500時間終了以降の段階で必要と思われる文法事項を本文から拾い上げて、外国語で説明をしています。
（6） 練習A（文法）
　　『J301』と同じく「文法ノート」で取り上げられた文法事項の練習をします。
（7） 練習B（ストラテジー練習）
　　「読み方のくふう」で学んだ読む技術を学習者自身で駆使して、速く的確に読む練習をします。
（8） ことばのネットワーク
　　本文に使われている語彙とその関連語彙を取り上げています。多様な練習を行うことによって、この段階において重要な習得語彙の拡大を目指します。
（9） 書いてみよう
　　「本文」や「読み方のくふう」で学んだ文章の型や流れに基づいて、実際に自分で文章が書けるようになることを目的としています。ただ課題を与えるだけでなく、学習者に能力差があることを配慮して文章の組み立て方などの例を挙げてあります。
（10） 話してみよう
　　課によって多少の違いはありますが、基本的には「書いてみよう」で習得した一定の表現形式や文章の構成方法が話す場合にはどのようになるのか、そのことを意識化して練習するコーナーです。

文化と偏見(ぶんかとへんけん)

2-3

異文化に接したとき、わたしたちはよく数少ない体験から的外れな一般化を試みることがある。「だいたい〇〇人は……」といった俗流民族文化論の多くはこのたぐいのものである。

もちろん体験が豊富だからといって、一般化がすべて誤っているということにはならない。逆に、体験が豊富だからといって、一般化が正しいともかぎらない。むしろ、優れた洞察力によって数少ない体験から的確に本質を抽出し、一般化を行なう人もいる。しかし、常識的には、少数例からの一般化は例外的であるの危険性が強いといってもいい。的外れにはやがて偏見につながるだろう。

さらにわたしたちは、異なる個人的な差でしかない違いを、民族的、文化的な違いと錯覚しがちである。その程度の違いなら日本人どうしの間でも、珍しいことではないはずなのに、相手がたまたま外国人であったりすると、違いを一挙に民族的、文化的違いであるかのことに大げさに誤解をされてしまう。

いちばん気をつけなければならないのは、わたしたちはとかく異文化を威圧的しがちなことである。理解困難なこと、共存しがたいと感じられることにぶつかると、わたしたちはそれを軽視することで遠ざけようとする。「イソップ物語」にも、手の届かない高さにあるぶどうを、あれは酸っぱいからと言って取ることをあきらめたきつねの話があるが、洋の東西を問わず、共通な心理が働くものようである。

海外技術者研修協会「発展途上国研修生の日本体験」草思社より
(かいがいぎじゅつしゃけんしゅうきょうかい『はってんとじょうこくけんしゅうせいのにほんたいけん』そうしし)

1

読むまえに

1. 「国民性(こくみんせい)」ということばを知っていますか。知らなければ、どんな意味かほかの人に聞いたり辞書(じしょ)で調べたりしてみましょう。

2. 次の国の人々にはどんな国民性があると思いますか。思ったことをどんどんメモしてみましょう。日本語でわからないことばがあったら、あなたのよく知っていることばで書いてもいいです。

1. 日本
( )
( )
( )

2. その他の国
( )
( )
( )

参考資料2 | 141

読み方のくふう

① まず、1回本文を黙読しましょう。読んでみて意味のわからないことばがあったら、そのことばに印を付けましょう。今度は印の付いたことばの意味を文脈の関係で想像しながら、本文をもう一度読みましょう。それでもわからなければ、ほかの人に聞いたり、辞書で調べたりしてもかまいません。

② この文章を理解するためのキーワードはどれでしょうか。これだと思ったものに○を付けましょう。

○異文化　わたし　的外れ　外国人　一般化
常識的　文化論　偏見　体験　錯覚
日本人どうし　珍しい　相手　重視　遠ざける

③ 上で選んだキーワードは「異文化」を除いて6つあるはずです。それらのキーワードを文章の流れに沿って ☐ に書き込みましょう。

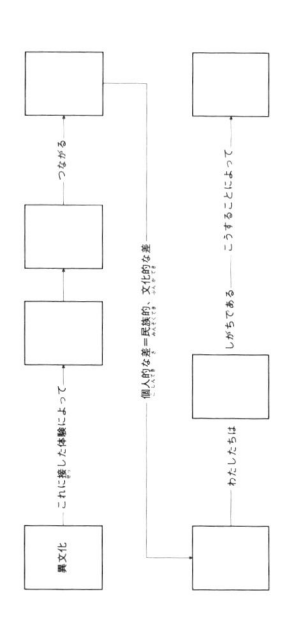

[異文化] —これに接した体験によって→ ☐ —つなげる→ ☐

　　　　　　　　　　　　個人的な差≠民族的、文化的な差
☐ ←わたしたちは— ☐ ←こうすることによって— ☐
　しがちである

Q&A

① 本文の内容と合っているものはどれでしょうか。
(a) 異文化に接した体験が少なければ、異文化について論じることができない。
(b) 異文化に接した体験が多ければ、異文化をより正しく一般化できる。
(c) 異文化に接した体験が多ければ、その体験から得た異文化論の半分ぐらいは正しい。
(d) 異文化に接した体験がなくても、異文化を正しく一般化できる人もいるが、的外れの場合が多い。

② 的外れの異文化論につながるものはどれでしょうか。
(a) 洞察力
(b) 偏見
(c) 共存
(d) 本質

③ なぜ、わたしたちは異文化を重視しがちなのでしょうか。
(a) 相手が外国人だと、日本人どうしの間にも存在する程度の民族的、文化的な違いであるかのように誤解するから。
(b) 理解困難なこと、共有しがたいと感じられることにぶつかると、文化的な違いで遠ざけようとするから。
(c) 個人の文化でしかない違いを民族的、文化的な違いに錯覚するから。
(d) 理解困難、共存しがたいことに気をつけなければならないから。

Grammar Notes

1 S₁ (X) (the plain form) からといって S₂.
S₂ (not Y) just because S₁, (X) (the plain form)

[逆に、体験が豊富だからといって、一般化がすべて誤っているということにはならない。逆に、体験が豊富だからといって、一般化が正しいともかぎらない。]

The phrase "S₁ (X) (the plain form) からといって、S₂ (not Y)" is used to indicate that it is not necessarily correct to say that "if X, (always) Y."

For S₂, a negative form, such as ...わけではない, ...(とは)かぎらない, ...(とも)かぎらない (not entirely/always ...), or 必ずしも...ではない (not necessarily ...), is used as seen in the following examples.

(a) 医者だからといって、どんな病気でも治せるわけではない。
    You cannot cure all types of diseases just because you are a doctor.
(b) 外国語は、文法を習ったからといって、話せるようになるとはかぎらない。
    You cannot speak a foreign language just because you have learned the grammar of the language.

In Example (a) above, the assertion that you can cure all types of diseases because you are a doctor is challenged.

2 〜とも かぎらない not necessarily 〜

[逆に、体験が豊富だからといって、一般化が正しいともかぎらない。]

Like 必ずしも 〜ではない かぎ/とは) かぎらない, this expression, consisting of the plain form + (と も/とは) かぎらない, is used to suggest that "〜" may not necessarily be the case.

(a) 親兄弟だからといって、いつもお金を貸してくれるとはかぎらない。
    They may not always lend you money just because they are your parents or siblings.
(b) お金がたくさんあっても、幸せだとはかぎらない。
    You may not necessarily be happy because you are rich.

According to Example (a) above, the assumption that your parents and siblings are always willing to lend you money may prove to be wrong. In other words, it is implied that your parents or siblings may refuse to lend you money.

3 S₁ むしろ S₂. S₁. Rather S₂.

[(もちろん、体験が豊富だからといって、一般化がすべて誤っているということにはならない。) むしろ、体験が少ないともかぎらないし、むしろ、数少ない体験から的確に本質を抽出し、......]

"S₁ (not X). Rather S₂ (Y)" means that Y, not X, is valid.

この映画はラブストーリーではない。むしろ、恋愛をテーマにしたサスペンスだ。
This movie is not a love story. Rather, it is a suspense with a love theme.

彼の絵は自分で言うほど下手ではない。むしろ、うまいといえる。
His paintings are not as poor as he says. In fact they are good.

人生で大切なのは必ずしも良い結果ではない。むしろ、何をしたかという過程である。
What is important in life is not necessarily results. Rather, it is the process you have undergone that counts.

4 〜たりすると if it happens that 〜

[相手がたまたま外国人であったりすると、違いは一挙に民族的、文化的な違いであるかのことく大げさに誤解されてしまう。]

〜たりすると in this context is used to mean that "if it happens to be 〜, then the result is that ...." In this case, 〜たり does not imply some other similar events, as in the sentence structure 〜たり, 〜たり, but is meant to make the speaker's remark inconclusive or less definitive.

バスが遅れたりすると困るから、早めに出発しましょう。(≒ 遅れると)
If the bus happens to be prevented from running according to the timetable, we will have a problem. So, let's start a little earlier.

散歩の途中で古本屋に寄ったりすると、必ず何かを2、3冊買って帰る。(≒ 寄ると)
If (he) happens to drop into a second-hand bookstore, (he) always brings home a few books that he has bought.

5 Xを問わず Y

Y regardless of X, Y irrespective of X, without distinguishing between X and Y

[洋の東西を問わず、共通な心理が動く（ものの）ようである。]

This phrase takes the form of "Xを問わず (regardless of X)" or "YZを問わず (whether Y or Z)." X in this case is a pair of antonyms (man and woman, large and small, success and failure), a word such as 形 (shape), 色 (color), 量 (quantity), 程度 (degree), 性質 (characteristics), or 場所 (place), or a word used as a criterion for classification or selection (sex, age, academic career, etc.). When the phrase occurs in the form "YZを問わず," Y and Z represent contrasting meanings. X is usually a noun, while Y and Z are verbs (plain form), i-adjectives (plain form), nouns, or na-adjectives (plain form but "da" is omitted).

この入社試験には経験を問わず、だれでも応募できます。
Anybody can apply for the entrance examination of this company regardless of his/her personal history.

京都は、季節を問わず楽しめる。
You can have a nice time in Kyoto irrespective of the season.

上手下手を問わず、みんなが楽しめるカラオケ大会にしたい。
We wish to have a Karaoke contest where everyone can enjoy himself (or herself) regardless of whether he (or she) is good or bad at singing.

練習A

1 例のように、書きましょう。そして、言いましょう。

例：この辺りの土地は低いので、（大雨が降る）（水浸しになる）
    → この辺りの土地は低いので、大雨が降ったりすると、水浸しになる。

1) わたしの部屋は3畳しかないので、（友達が来る）（座る場所もない）

2) 一人暮らしは自由でいいものだが、（病気になる）（たいへん困る）

3) 昼間はアルバイトをしているので、（次の日に試験がある）（徹夜で勉強しなければならない）

4) 彼は非常に話し好きな人だ、（いっしょに電車に乗る）（目的地に着くまで一人でしゃべっている）

5) インスタントラーメンも、（野菜を入れる）（おいしくなる）

2 次のページの [　　　] からことばを選んで文を作りましょう。

例：この競技には、男でも女でも参加することができます。
  → この競技には、男女を問わず参加することができます。

例：A：キムさんは、韓国人だから、焼き肉の好きをでしょうね。
　　B：韓国人だからといって、焼き肉の好きとはかぎりませんよ。
1) A：ワンさんは中国人だから、ギョーザが作れるでしょうね。
　　B：
2) A：このパソコンは、日本製だから、性能がいいでしょう。
　　B：
3) A：今日は日曜日だから、どこの会社も休みでしょう。
　　B：
4) A：　　　　は　　　　　　　　　　　　　　　でしょうね。
　　B：

5 適当なことばを入れて、文を完成しましょう。
1) 安い本は　　　　　　　　　　とはかぎらない。
2) 優れた研究者がいい教師だとはかぎらないし、いい教師が
　　　　　　　　　　　　　　　　　　　　だともかぎらない。
3) A：こたつをつけたまま出かけるのは危険だよ。
　　B：そうだね、火事に　　　　　　　　　ともかぎらないからね。
4) A：宝くじをよく買うないと、当たることがあるの、いつか
　　　　　　　　　　　　　　　　　　　　　　　　　　1,000万円
　　　　　　　　　　　　　　　　　　　ないから、毎回期待して買うんだよ。

この仕事は、資格の有る無しに関係なく、従事することができる。
→

2) この会社では、どんな学校を卒業したかでは採用しているが、
つまり、その人の能力によって決めている。
→

3) 社交ダンスは、若者から老人までだれでも楽しめる。
→

4) 朝から晩まで工事をしているので、うるさくて眠れない。
→

　学歴
　男女
　資格の有無
　昼夜
　年齢

3 例のように文を作りましょう。
例：子どもに優しい親／悪い親
　　→ 子どもに優しい親が、いい親とはかぎらない。
1) 成績のいい子ども／将来性がある
2) まじめな社員／出世する
3) 声のきれいな人／歌手になれる
4) 高い薬／よく効く

4 ペアで練習しましょう。Bは、例にならって、Aの意見に反論してください。
4) は、自由に意見を言ってください。

6 [ ]から適当なことばを選んで（　）に書き入れましょう。

[とはいえ、ちなみに、むしろ、とかく、ともかく、しかも]

1) 今回の彼の行動は非難すべきではない。（　　）、褒めてやるべきだ。
2) 仕事を持っている独身の人は、男性でも女性でも（　　）外食やインスタント食品に頼りがちだ。
3) いるかどうかわからないが、（　　）彼の家まで行ってみよう。
4) 今回の英語の試験で日本人の平均点は499点だった。（　　）中国人の平均点は556点だったそうだ。
5) 彼女はまじめで有能な社員だった。（　　）、明るい性格でだれからも好かれている。
6) アルバイトは、お金のためだけでなく日本語の勉強にもなるだろう。（　　）、忙しすぎて勉強ができないようでは何にもならない。

練習B

① 次の文章を読んで、最も重要なキーワードを3つ探し、それに○を付けましょう。（この文章では、何回も使用されていることばの中に、キーワードがあります）そして、キーワードが使われているキーセンテンスを繰り返し読み、その文の意味を理解しましょう。それが終わったら、下記の質問に答えましょう。

日本社会を分析するときに、ホンネとタテマエを持ち出す人が多い。どこの国にも原則とそれに対する例外は存在する。日本の場合も、タテマエは原則とし、ホンネは原則に従わない例外、ということになるのだが、日本ではタテマエを無視してホンネの中に入れてしまおうとする。あるいは、ホンネは人にはわからないように隠してしまって、タテマエを表看板として押し通してしまう。

これゆえ会議にも見られれる本来、会議や討論は、Aという意見に対しBの反論が出し合議論し、互いの不一致を妥協や譲歩、説得によって解決するものの、日本ではそのような会議は、そういう手続きによって議事が進行することが少ない。ただ、会議の前に根回しをしておいて、反Aの見込みが強く主張されないように会議が進行するよう手を打っておく必要がある。したがって、会議は欧米と同じ運営のしかたを行っていてつまり、会議は一種の儀式であるる。したがって、ホンネの部分は根回しで済んでいっている。根回しの済んでいない議案は議式には議案として提出されないのだ。

板坂元「異文化理解の根っこ」スリーエーネットワークより

意味を確認しましょう

原則　例外　存在する　議事　進行する　議案　提出する
タテマエ　ホンネ　根回し　儀式　合意　賛否

ことばのネットワーク

1) _____ に　　　　　からことばを選び、適当な形に変えて書きましょう。

1) エベレストに登頂しようとして、多くの登山家が何度も_____が、失敗した。
2) 日本人のあいまいな答え方は、外国人にその真意を_____しまう。
3) 多くの困難に_____も、それを乗り越える勇気を持ってほしい。
4) 外国を旅行して、その国の文化に_____と、自分の国の文化が見えてくる。
5) 相手の電話が話し中で、なかなか電話が_____。
6) 水の中を歩くと、自分の体が軽くなったように_____。

　　挨拶する　試みる　つながる　おぼれる
　　優れる　とがる　そびえる　錯覚する　誤解する　ぶつかる

2) 次の動詞は名詞を修飾する場合、「〜ている」または「〜たのの形を使って、同じような状態の意味を表わします。

1. 優劣：優れる　劣る
2. 形：とがる　そびえる　曲がる

参考資料2 | 147

3. 状態/性質：汚れる 壊れる さびる ぬれる 澄む 凍る
   合う 似る
4. 着衣：かぶる かける
   着る 開く はめる

上から適当な動詞を選んで、「～ている」または「～ている」の形に直して（　　）に入れましょう。

1) 彼は（　　）仮装で大学を卒業した。
2) 先の（　　）鉛筆で書いたが、きれいな字が書ける。
3) 雲一つなく（　　）青い空が美しい。
4) ドライヤーで（　　）髪を乾かす。
5) 昨日君によく（　　）人を町で見かけた。
6) あの眼鏡を（　　）男性はだれですか。

③ 次は人の性格を表わすことばです。この中からことばを選んで、1)
～7)の（　　）に適当な形にして入れましょう。

1. 明るい ⇔ 暗い
2. 陽気だ ⇔ 陰気だ
3. 積極的だ ⇔ 消極的だ
4. 温かい ⇔ 冷たい
5. まじめだ ⇔ ふまじめだ
6. 慎重だ ⇔ 軽率だ
7. 気が強い ⇔ 気が弱い
8. 短気だ ⇔ のんきだ
9. 正直だ ⇔ うそつきだ
10. きちょうめんだ ⇔ だらしない

11. おしゃべりだ ⇔ おとなしい
12. 責任感が強い ⇔ 無責任だ
13. 思いやりがある
14. わがままだ

1) 彼の机の上はいつもきれいに片付けてあるが、ほんとうに（　　）人だ。
2) 仕事を最後まできちんとやらないと、（　　）と言われます。
3) 会議では何も言わない人がいるが、自分の意見は（　　）に発言したほうがよい。
4) 彼は小さなことでも、すぐ怒る（　　）人間だ。
5) この問題はすぐ決定せず、落ち着いて（　　）に検討したほうがある。
6) 彼女はほかの人のことを考えず、自分勝手で（　　）ところがある。
7) マリアさんは、弱い立場の人や困っている人のことをよく考える（　　）人だ。

④ どんどんことばを作ってみましょう。

1. 同……「同じ」の意味を表します。
2. 異……「違う」の意味を表します。
3. 一化……ある物が別の状態に変わる、「～になる」の意味になります。
4. ～力……力、能力の意味を表します。

書いてみよう

Ⅰ 下のような文章の型に合わせて、作文をしてみましょう。テーマは自由です。アイデアが浮かばない人は、□□□に書いてあるテーマと、使えそうなキーワードを選んで書いてみましょう。

文章の型

(1) _____は/が_____とき、_____する/なる。

(2) [このことについて、いいことか悪いことか など、あなたの意見を述べる。]

(3) さらに、_____は/が_____とき、_____する/なる。

(4) [このことについて、いいことか悪いことか など、あなたの意見を述べる。]

(5) [結論] (1)～(4) のことを考えて、あなたがいちばん言いたいことを書く。

テーマ：恋愛

キーワード：恋人のいる男性または女性、結婚している男性または女性、好きになる、迷う、悩む、あきらめる、あきらめない、利己的、理性的、現実、理想、幸せ

---

5. 〜的、「似た性格、傾向」という意味になります。
6. 〜性・〜性質、傾向、「性質、傾向」などの意味を表わします。

下の○には1～6のどの漢字が入るでしょうか。

近代　温暖　自由　危険　人間　創造　記憶
積極　　　　　　　　　　　　　　　　年代
理想　機械　　　　　　　　国民　理解　時期
　　　　　　　　　　　　　　　　　　級生

下の□に入る漢字を考えましょう。

1) 実験を成功させるには、よく準備しないと、失敗する可能□が高い。

2) ここは農村だったが、10年ほど前から、急速に都市□が進んだ。

3) □文化を体験することは、自国の文化を見直すきっかけにもなる。

4) 彼は語学□を生かして、国際□に活躍している。

5) 自動車を買うときには、スタイルよりもまず安全□を考える。

6) 西洋の影響を受けて日本が近代□されたのは、明治時代に入ってからである。

7) 田中君は小学校のときの□級生だ。

話してみよう

1 「読むまえに」で書いた「国民性」について、発表しましょう。
書いたものをただ読み上げるのではなく、次のような順序で発表しましょう。

1) 「わたしは、――人には次のような（国民性・傾向）があると思います。」
または、「わたしの国では一般的に、――人には次のような（国民性・傾向）があると考えられている」と言って始める。

2) 「読むまえに」で書いたことを発表

――は、（のときは）――する（傾向がある）。
――は、いつも―――――と思います。
といえるのではないでしょうか。
――といえるでしょうか。
――といえるのではないでしょうか……。　など

2 話し合いの進行係を1人決めて、上の（1）と（2）で述べたことについて、みんなから感想や意見を聞いてみましょう。
進行係の人は、次のような表現を使って、話し合いを進めましょう。

＊話し合いの開始：
○では ｜ 今の――に ｜ ついて ｜ 話し合いを ｜ 始めます。
○それでは ｜ ――の ｜ 歩について ｜ 始めたいと思います。

＊感想を聞く：
○――さんの意見を聴いて、｜ どう｜ 思う。
｜ どのように｜ 思います（か）。
｜ どんなふうに｜ 思いました（か）。
｜ 思われました（か）。

＊意見を聞く・求める：
○――さんの言った「……」という考えについて、――さんは、
○――人はステレオタイプ化することは、個人差を無視した考えだという意見があります。そのことについて、――さんは、
｜ どう｜ 思います（か）。
｜ どのように｜ 思いました（か）。
｜ どんなふうに｜ 思われました（か）。

○――さんの意見に賛成ですか、反対ですか。
○疑問に思うことはありませんか。
○反論はありませんか。
○ほかに何か意見はありませんか。

＊質問を引き出す：
○わからない｜ ことはありませんか。
｜ とこころがありました（か）。

○何か質問は ｜ あります（か）。
　　　　　　｜ ありませんか。
　　　　　　｜ ……。

* 話し合いの内容をまとめる：
○これまでの意見をまとめると、……という意見が多いようです。しかし、……という意見もありました。
○皆さんの意見をまとめると、……ということ、それから……ということがいえると思います。

* 話し合いを終わる：
○まだまだ、いろいろな意見があるようですが、そろそろ時間のようです。これで、話し合いを終わります。ご協力ありがとうございました。

『日本語中級J501―中級から上級へ―』「第1課　文化と偏見」

◆参考資料3

教科書編集会議実況中継
1997年11月23日

議題
<『日本語中級 J501 ―中級から上級へ―』の「第1課　文化と偏見」の「読むまえに」の原稿を検討する>

　この編集会議の記録は、カセットテープに録音したものを文字起こしして、大きく横道に逸れた内容や無駄話等（声が飛び交って話が混線し聞き取りにくいところなども）をカットして編集したものです。第1課の「読むまえに」というたった一つの小さなコーナーの原稿を決定するだけでも、延べ時間数にすれば2時間以上を費やしていることになります。

<読解本文の一節「いちばん気をつけなければならないのは、わたしたちはとかく異文化を蔑視しがちなことである。理解困難なこと、共存しがたいと感じられることにぶつかると、わたしたちはこれを蔑視することで遠ざけようとする。」の解釈について>

A： あの、ちょっといいですか。本文に、わからないことにぶつかると、それを蔑視することで遠ざけようとするっていうのがありますよね。それ、なんで蔑視なんでしょうかね。たとえば、欧米文化なんかについても、蔑視して遠ざけているんでしょうか。これには、なんか一つの方向性がありませんか。

B： 対アジアも考えられますね。

C： これはアジアの人が書いた文章でしょう。一般論とみなしていいのかな？とも……。欧米からは、私たちは蔑視されてるんだって？ふうなこともあるんじゃないでしょうか。

B： その前の文を読んだほうがいいんじゃないかな。やっぱり一番気をつけなきゃいけないのは、「わたしたちはとかく異文化を蔑視しがちなことである」云々ってところね。これは、対欧米とか対アジアとかって分けているん

じゃなくて、一般論で言ってるんじゃないのかなあ。
D：なんていうのか、昔は崇拝っていうことが西洋に対してあったかもしれないけど、最近は、今度はある意味で接触が前よりは多くなってくると、欧米に対しても、なんか蔑視の発言っていうのが出てきてますよね。
B：うん、蔑視っていうかね、たとえば、あんな失礼な座り方をよくもするもんだっていう言い方ね。初対面の人と椅子に腰掛けて話すときでも、足を組む。そんな西洋人の座り方がふてぶてしいとか。そういうのは要するに一種の蔑視ですよ。文化、社会習慣について、一般論としてやっぱりこれは蔑視している。人の前で控えめな態度も見せずにハンカチで鼻をビューってかむなんていうのもその例じゃないんですか。（笑）こういった習慣も蔑視の対象になりがちだということじゃないかな。
C：ただ、これはあくまでも、この筆者の考えだから、それに対してあなたはどう思うかということで……。
B：もちろん、授業ではそういうふうにやりますよ。あなたはどう思うかって。
C：はい、わかりました。

<「読むまえに」のインストラクションについて>
B：さて、それで、その「読むまえに」ですけれども……。
D：えっと、「国民性ということばを知っていますか。知らなければ、どんな意味か先生に聞いたり、辞書で調べたりしてみましょう。」って、ありますね。この「先生」を「ほかの人」に変えてはどうでしょうか。
C：それ、マニュアルの原稿のことじゃないですよね。
D：違います。本冊の、学習者への指示文です。
B：そうね。「先生」はやめたほうがいいね。それと、この指示文、文体を変えたほうがいいね。「次の国の人々にはどんな国民性があると思いますか」じゃなくて、「あると思うか、思ったことを書こう」と。
C：でもね、全体的にね、指示とかなんかの場合には、丁寧体のほうがやわらかくなる感じがするんだけど。
A：そうかな。普通体にするんだったら「国民性ということば」は「国民性っ

てことば」にすると自然じゃないかな。

C：いやあ、学習者は指示文に知らない言葉や言い方があったりすると、そこで引っかかってしまうから、わざわざ普通体やくだけた言い回しにしないほうがいいと思う。

B：そうね。インストラクションは「です・ます体」のほうが確実だよね。

A：でもね、文体が違ったインストラクションにも慣れたほうがいいわけでしょ。いつまでも「です・ます体」でもないだろうから。

B：あの、さっき、丁寧体は子どもっぽくってよくないという話もあったんだけど、外国人向けじゃなくて、日本人向けの公的な文章で使われるインストラクションには「です・ます体」が多いっていうのも事実じゃない？　たとえば、税金のなんとか相談とか、確定申告のマニュアル本とか。いかにもみなさんのためのサービスにこれ努めますって感じで、丁寧にね。「です・ます体」であっても子どもっぽくは見えない。普通のこととしてやってる。日本語教科書の中のインストラクションに丁寧体を使うと、いつまで経っても子どもっぽい言い方をして、と思うかもしれないけど、実は、日本社会の中ではこういうふうな使われ方はけっこうしている。

A：でも、たとえば入学試験の問題とか練習問題のインストラクションだとか、そういったものは「です・ます体」を使ってるだろうか。

D：試験やレポートの課題だと、たとえば「名前を挙げよ」とか「ことばを書け」とか「なんというか調べよ」とかね。

C：それは、練習問題、試験の類でしょ。当然、それは税務署からのお願いとか、区役所の便りとか、そういったものとは対象も目的も違うから。

B：ついでに、もう一つ確認しておくと、インストラクションでは「〜てください」はやめようっていうことを、この間の会議で決めたよね。

D：そうそう、自分で1人でやるんだよという意味を込めて、「〜ましょう」にしようと。

C：そのメリットは易しく感じられること。何をするにも最初が硬くなると、ちょっと入るのいやだなあっていうのがあるからね。

B：昨日も、出された案だけど、「国民性ということばを知っていますか」って問いでね、ここは投げ掛け文だから「知っていますか」はそのままにしておいて、そのあとに「調べてみよう」と続ける手もないわけじゃない。

C：投げ掛け文のところは「〜していますか」とか「〜ですか」って丁寧体でやっといて、あとの指示文は「〜してみよう」って形でやるっていう方法ね。

B：そうそう。不自然じゃないでしょう。

A：ま、私は別にこだわりません。

D：「どんな国民性があると思いますか、思ったことを書いてみよう」とかね。

A：うん。でも、それを、もし学生が真似しちゃって、使ったときに問題にならないかな。なんか文体の統一とかいうことは、だいたいこのあたりでいつもなんやかや言う時期だし。そんなような混在した形を見せるというのはどうかな。ネイティブだったら、それで使い分けているのはわかるけど。うまく真似されるといいけどね、下手にされるとね……。

B：それだったら、戻しませんか。

A：いいですよ。戻してみよう。（笑）

B：じゃ、戻すことにして。まだ、他に検討しなければならないところがいっぱいあるし、次へ行きましょう。

<「読むまえに」でどんなタスクをさせるか>

D：じゃあ、知らないときに聞く相手は「先生」じゃなくて「ほかの人」にするということで……。

B：そうですね。

A：で、「思ったことを書いてください」はおかしくないの？

C：だから「思ったことを書いてみましょう」にするんでしょう。

A：いやいや、その問題じゃなくて。もう、ここでいきなり書かせるんですか。「読むまえに」で。いきなり書かないで、そのことに、自分で深く、いや、深くっていうか、入り口に入るっていうのが「読むまえに」じゃないですか。だから二言三言のやりとりで、こんなことがあると思いますとかってね、その程度ならいいけれども。いちいち書くのはちょっと大変じゃないかな。

B：少しぐらい、タスクさせられないのかな。

D：メモしてみましょうとか、そのくらいはいいんじゃないですか。

B：つまり、ここは日本語でわからない言葉があったら、あなたのわかる言葉でいいんだっていうことなんですよ。よく知ってる言葉でね。だから、それは、日本語で書くっていう作業じゃなくて、思ったことをどんどんメモしてみましょうと。

C：たとえば、中国語母語話者だったら、日本人の国民性を漢字で「勤勉」とかね、漢語をぱっぱっぱっと書いてくわけだよね。思いついたことを。

D：そうね、まだメモだから。

C：そうしたらね、思った言葉をメモにしよう、単語単位でもいいんだってことを言っておかないと。

B：この国の人々に対しては、どんな国民性が浮かぶか、思ったことをどんどんメモしてみましょうと言えば、学習者それぞれに単語でイメージする人もいるかもしれないし、短文でメモする人もいるかもしれない。

A：そこは規制しないほうがいいんじゃない。出てくるものを吸い上げる方式だから。

C：でも、さっきね、「そのことばは日本語で何と言うか調べてください」っていうのがあったでしょ。一方では「あなたの知ってることばでもいいですよ」と言うと、混乱するんじゃない。ここでは、最終的には日本語で言わせるのを目標とするかどうか……。

B：だから、作業として教室でそこまでさせるのは問題あるよね。つまり、「授業のあとで調べておきましょう」にすればいいと思う。

D：ここでディスカッションをするためには、国民性を表す日本語の単語を知らなきゃいけないってことではないですよね。何のために調べるかってことですよ。

C：そう、もうちょっとはっきりさせたほうがいいですね。ここはメモするだけでいいんじゃないですか。

A：まず、思ったことをメモしなさいって言うでしょ。そしてみんなクラスでどういうふうに思いましたかって言ったら、スペイン語ではこうです、中国語ではこうですって言うわけね？

D：そう、それを日本語で何と言うか、教えてもらう。そうでないとお互いにわからないでしょう。でも、結局自分たちの外国語でも、難しい日本語でもお互いにみんながわかるということはできないってことになりますね。

B：うーん。でもね、みんなでとにかく出し合うことにも意義があるわけだよね。自分が思ったことをどんどん言えば、それが偏見とか文化とかにつながるわけだから。

C：だったら、やはり最終的には日本語で出させることに意義目的があるっていうことにして、「わからなかったら調べましょう」ってことにしないと。あとでじゃなくて同時にやらないと。

B：まず、最初にポンポンポンとこうやって思ったことを書かせますよね。各国語で。思ったことをまず出すことが大事で。そして、次にそれを日本語で何と言うかが大事なわけね。それが第二段階となる。

D：それで、この案を作った意図を確認したいんですけど。この「読むまえに」というコーナーはアクティビティとして、クラスで一斉に行う参加型とするのか、それとも個人アクティビティだけで終わらせようとするのか。

B：いやあ、そこまでのことは考えていなかった。

A：あ、そう。

B：個人にしろ一斉にしろ自分たちで思ったことを自由に出させるってことが「読むまえに」で目指す、まさにその準備体操だと思ったから。

A：だったら、最後の二行もいらないんじゃないの。だって「読むまえに」ってなんのためにあるのってことでしょ。言葉を調べるとかなんとかってのは、そのあとの仕事でしょ。

B：だから、その、あとでっていうのを、授業時間のあとでというふうにするのか。

A：いや、だから、このあとでをもっとはっきりしておかないと。このあとでっていうのは、メモ書いてすぐもあとだし、授業が終わってからもあとだし。

D：私はクラスでのアクティビティにしてもいいと思うんですけど。

B：「読むまえに」は位置づけとしては導入だからサラッとのほうがいい。喚起させるの、国民性についてね。考えさせて、イメージさせてね。アクティビティとして知らないことを調べさせるところまでさせるのはどうかな。

A：そこは、割りきり方だよね。

B：その割り切り方だけなら、これもカットしようと言っちゃえば簡単。それはそれで一つのやり方ですよ。どっちかだ。

D：もし、マニュアルで解決できるならば、そこで「何て言うか調べさせてもいい」みたいなことを書いておくことにしてもよいかもしれない。教科書の使い方で言えば、自習型の学習者もいるでしょうし、クラスで使う場合もあるでしょうし、いろんな想定ができますよね。
B：独習の場合は自分でモチベーション高めるという役割を重視する。みんなでクラスで一緒にするのとはまた別だから。
C：だから結局「日本語で何て言うか調べてみましょう」とそこまで言わなくてもいいんじゃないですか。学習者はわからなかったら、あとで調べますよ。
B：じゃあ、カット、カット。
D：あたしも、カットでいいと思います。

B：えーっと、では、そろそろ結論を出したいと思います。「思ったことをメモしてみましょう。日本語でわからないことばがあったら、よく知っていることばで書いてもいいです」でいいですね。
C：「書きたい国の名前を書いてください」はこのまま活かすんですか。
D：「あなたが書きたい国の名前を挙げてください」でしょ？
A：「挙げてください」じゃなくて「書き入れましょう」？
B：「ましょう」って、これ指示だよね。
C：そう、「あなたの書きたい国の名前を書きましょう」かな。
D：１．日本　２．その他の国　そこに括弧を２つ。
A：国名でいいの？
B：うん、あなたが書きたい国名ね。
A：だけど、書きたい国名と、書きたい国・地域の名前って厳密には違うんじゃないかな？　うーん……。（全員疲労の色が濃くなる）

B：さて、だいぶ、時間を取ってしまいましたが、最終案として次のように決定します。

1　「国民性」ということばを知っていますか。知らなければ、どんな意味かほかの人に聞いたり辞書で調べたりしてみましょう。

2　次の国の人々にはどんな国民性があると思いますか。思ったことをどんどんメモしてみましょう。日本語でわからないことばがあったら、あなたのよく知っていることばで書いてもいいです。

 1．日本

 2．その他の国　（　　　　）　（　　　　）

以上です。いいですね。
全員：了解。

◆参考資料4

はじめに

　日本語ティールームでは教師ボランティアの質の向上と、独善的な授業の回避を目的に定期的に勉強会をおこなってきました。テキストを使うにしても「何」を「どう」教えるのかという基本的なことを様々な形の勉強会において探求することは、チームを組んでクラスを運営している当教室にとって不可欠な作業といえます。そこでは新しい知識、情報を求めるだけでなく、課題を多面的に理解するため、また様々な教え方の可能性を求めて自由闊達な議論がおこなわれ、そこで得たものは確実に授業へ活かされてきました。

　「日本語中級 J501」は大変内容の濃いテキストで、扱う分野も文学、自然科学、社会問題、法など硬いものから、軽いタッチのエッセイまでさまざまです。教える側にとっても深い知識と高度な指導法が要求されることは明らかです。今の自分たちの実力では、事前に周到な準備をしなければ到底このハードルを越えることはできないと思われました。従来の勉強会のスタイルを踏襲すれば、課題は勉強会自体を活発にするための呼び水でよかったのですが、今回はそうはいきませんでした。実際に検討をはじめてみると、日本語指導以前の問題、すなわち自分たちの、特に日本人としての基本的な知識の不足を痛感させられ、これが課題の方向を決定づけました。

　「J501」の勉強会は2000年10月より2002年6月までの1年8ヶ月の長期に及びました。割り与えられた課題に対する各人の答え、みんなで検討したこと、集めた参考資料… この際これらをまとめてみることにしました。しかし、もともと編集するという前提で行われた勉強会ではないため、課題の提示方法にしても、それをまとめる方法にしても、各課の統一した基準のもとに成されているわけではなく、出来上がったものはまだまだ未熟なものといえます。勉強会に参加した人以外の方にとっては読みやすいものとなっているかどうか、はなはだ疑問ではありますが、それでも本書は私たちにとって、勉強会でのいわば「知」と「汗」の結晶ともいえるものです。

　できれば**「J501」**を実際に授業で使われる方に読んでいただき、何か一つでも共感を持っていただければ、と願ってやみません。それが今後の私たちの活動を持続させるエネルギーとなるものと確信いたします。

2002年10月

日本語ティールーム教師ボランティア

勉強会の方法
- ●各課、担当者二名を決め、その人たちが各回の勉強会を運営する。
- ●担当者がすること
    - ◎担当課をよく検討、相談し、メンバーへ与える課題を準備する。
        1つの課題に対して必ず複数の者が答えるように割り振る。
        - 例　1）その課で一番むずかしいところはどこか。
        - 　　2）その課の問題点は何か。
        - 　　3）集めたい資料があるか。
        - 　　4）調べてもらいたいこと。　など
    - ◎担当課の勉強会の進行
        進行のスタイルは自由。
- ●非担当者がすること
    - ◎あらかじめテキストを精読し、問題意識を持って勉強会に望む。
    - ◎課せられた課題を期限内に提出する。

課題の傾向
- ●ほとんどの課で、テキストの各パート（読む前に、ことばのネットワークなど）の順を追って課題が出されている。テキストの意図することを十分に理解するための課題が多くみられる。
- ●特に例文、同じ種類の他のことばの例をたくさん集めることはくどいくらい求められている。これは、授業中にその場で思いついた例文は危険だという経験からきている。
- ●文法知識を補強するための課題も目立つ。
- ●各課とも本文の内容を完璧に理解するためにその背景を調べる課題も多い。
- ●「書いてみよう」に伴う作文の課題は一般に敬遠された。とはいってもみなよく書いた。しかしここでは原則として割愛する。

勉強会での討議
- ●回収した課題の答えを担当者がまとめたものをもとにひとつずつ検討していく。ひとつの例文の是非をめぐって長時間意見を出し合うことも珍しくない。
- ●本文の著者の本を事前に読んでくる人も多い。本の紹介も行われる。
- ●勉強会で話し合ったことをすべてここに掲載できないのは残念だが、大きなところはできるだけ補足した。
- ●付属音声教材（CD）の利用方法を考える場となる。

資料

●新聞、本、インターネットなどからのコピーによる資料はたくさんあるが、著作権の問題もありここには掲載していない。

『日本語中級 J501 ―中級から上級へ―』

　　著者　　土岐哲　関正昭　平高史也　新内康子　石沢弘子　各氏
　「読む・書く」を柱に、「話す」能力の向上を目指した（当書より引用）
　中級学習者（500時間程度の日本語学習を終えた人）のための教科書。
　1999年11月、スリーエーネットワークより発行された。

「日本語ティールーム」

　日本語ティールームボランティア・八木山市民センター共催、仙台国際交流協会（仙台観光国際協会　2015年現在）後援で運営されている託児付きの日本語教室。1990年1月開設。

勉強会に参加した人たち　（五十音順）

秋田啓子	石丸弘子	伊藤麻衣子	江刺のり子
荻野玲子	川原井典子	菅野カツ子	熊谷知美
佐々木真知子	佐々木由美子	佐藤文子	志田紀子
柴田貴志子	高橋順子	武田いく子	丹下ユリ
恒次志賀子	中尾みどり	仁科和子	早坂幸子
瓶子和子	星野玲子	渡邊靖子	

　　　　　　　　　　　　　　日本語ティールーム教師ボランティア編（2002）
　　　　　　　　　　　『シリーズ　テキスト勉強会　日本語中級 J501　まとめ編』より

勉強会係からのお知らせ

9／29／2000

　やっと秋の爽やかさが感ぜられるようになりました。食欲もさらに（？）増し、いい季節ですね。長い冬が来る前に大いに秋を味わい、楽しみましょう。

　さて、かねてより予定しておりましたように、そろそろJ501に関する勉強会を始める時期となりました。去る9月20日、勉強会係のミーティングが開かれ、各課、担当者（下表）を決めておいて、担当になっている人が各回の勉強会を運営する、という形で進めていってはどうかということになりました。

　今後、様子によってはまた方法を変えるということもあるかもしれませんが、とりあえずは始めてみたいと思います。より有意義な勉強会にするために、皆様の御協力をお願いいたします。御意見もどんどんお寄せください。

★担当者がすること
　　◎前の課の勉強会の日までに、学習者用テキストの担当課の全部のページを印刷して、全員に配る。

　　◎担当課をよく検討し、担当者同士で相談して、準備する。
　　　　例　1）その課で一番難しいところはどこか。
　　　　　　2）　〃　　問題点は何か。
　　　　　　3）集めたい資料があるか。　　etc.
　　　　　　4）1）～3）などのことから、他のメンバーにアンケートをとりたいことや、調べてもらいたいことがある場合は、それらの結果をまとめておく。

　　◎担当課の勉強会の進行
　　　　進行のスタイルは自由。（模擬授業、大歓迎！）

☆非担当者がすること
　　◎予めテキストを精読し、問題意識を持って、勉強会に臨む。

▼ 勉強会日程（含予定）とJ501担当者表（敬称略）

回	月日	J501	担当
1	5/26		
2	6/30		
3	10/27	1課【文化と偏見】	江刺・瓶子
4	12/1	2課【マナーもいっしょに「携帯」】	石丸・丹下
5	1/26	3課【「在外」日本人】	志田・渡辺
6	2/23	4課【心の交流】	恒次・髙橋
以下2001年度⇩		5課【洋服の色で知る今日のわたし】	佐藤・星野
		6課【ひとしずくの水にあふれる個性】	柴田・秋田
		7課【夢見る恋の日記帳】	佐々木・武田・佐々木(由)
		8課【法とことば】	仁科・荻野
		9課【李良枝からの電話】	未定
		10課【ゾウの時間ネズミの時間】	未定

●都合が悪い方は、個人的に折衝してください。変更があった場合はお知らせください。

日本語ティールーム教師ボランティア編（2002）
『シリーズ　テキスト勉強会　日本語中級J501　資料編』より

第1課　文化と偏見
課題

「第1課　文化と偏見」について、次の項目にお答えください。

<読むまえに>
1. 一般に日本の国民性と言われるものにどういうものがあると思われますか。箇条書きにいくつかお願いします。（全員）

2. 以下に列記する国の国民性についてもお願いします。

    韓国
    中国
    ロシア
    フランス
    アメリカ
    フィリピン
    インドネシア

<本文>
1. 本文にでてくる『イソップ物語』の寓話を探し出してコピーをお願いします。
2. 前記した『イソップ物語』の内容に匹敵する日本の寓話を探して資料として提出して下さい。

<練習B>
練習Bの本文を「読み方のくふう」（P17 ③）にあるように文の構造を自分なりに展開してみてください。（全員）

<書いてみよう>
「書いてみよう」に文章の型に沿った作文練習があります。
実際に1つのテーマを決めキーワードを書き出し、教師用マニュアルP27の文章例に沿って展開してみてください。（全員）

課題のまとめ

＜読むまえに＞

1. 一般に日本の国民性と言われるものにどういうものがあると思われますか。
   箇条書きにいくつかお願いします。（全員）

　　　　勤勉　規律を守る　真面目　時間に正確　几帳面
　　　　清潔好き
　　　　手先が器用
　　　　無宗教者が多い
　　　　礼儀正しい（既に過去のものか？）
　　　　義理を重んじる
　　　　争いより和を大事にする　和を重んじる　議論を好まない
　　　　はっきり反対の意思表示をしない
　　　　人間関係の調和を大切にする（思いやり、優しさ、親切）
　　　　相手を察する（自分の思いより、相手の思いを考える）
　　　　感情を表さない（自分の意見を言わない）
　　　　自己主張をしない　ひかえめ
　　　　シャイ（意味のない笑い）
　　　　非言語的なもの（なんとなく分ったり察したりすること）に重きをおく
　　　　イエス、ノーをはっきり言わない（あいまいである）
　　　　対人関係による自己主張の弱さ（主体性の欠如）
　　　　集団を好む　個より集団を重んじる　集団主義　団結力
　　　　横並び意識（みな同じが好き、他と異なることを嫌う）
　　　　突出を嫌う
　　　　個人主義を嫌う
　　　　和を尊ぶ（しかし、今の若い層は他人の干渉を好まない
　　　　　　　　　人の和よりむしろ個人主義の傾向が強い）
　　　　今の日本はアジアの他の国々ほど血縁を大切にしていない
　　　　群れたがる（一人で行動できない）
　　　　世間体を気にする
　　　　本音と建前がある

　　　　　年功序列で肩書きや家柄を重視　縦社会　学歴を重んじる
　　　　　見てみぬふり我関せず
　　　　　異質なもの、個性的なものを排除（集団に埋没）
　　　　　島国根性が強い　排他的　保守的
　　　　　忘れっぽい（重大な件もあっという間に忘れる）
　　　　　好奇心が強い　向上心が強い　新しもの好き
　　　　　忍耐強い　大きな（急激な）変化を嫌う

2. 以下に列記する国の国民性についてもお願いします。
　　　　　韓国　中国　ロシア　フランス　アメリカ　フィリピン　インドネシア

韓国　　　情が厚く礼儀正しい（目上の人を重んじる儒教の精神が生きている）
　　　　　体面を重んじる
　　　　　男系社会である
　　　　　感情の起伏が激しい
　　　　　おだてに乗り易い（おごるのが好き、一番が好き）

中国　　　勤勉
　　　　　女性もしっかり自分の意見を言う

ロシア　　頑固
　　　　　陽気
　　　　　議論好き
　　　　　閉鎖的（無愛想　かたくな）
　　　　　極端に走りやすい
　　　　　適応性に富む

フランス　保守的
　　　　　階級意織が強い
　　　　　論理を好む
　　　　　おしゃれ、センスが良い（洗練されている）
　　　　　自国の文化が世界の文化の中心にあるという強い自負がある
　　　　　個人主義的

	全てに懐疑的で付和雷同しない
アメリカ	個人主義
	開拓精神
	自由
	開放的
	実力主義
	個人の個性、自由を重んじる
	フレンドリー
	アメリカが一番という意識
	イエス、ノーがはっきりしている
	自己主張が強い
	陽気で楽天的
	世界で一番強い国だと思っている
	英語が世界の共通語だと信じ英語のわからない人にも英語で話す
	議論好き
	ジョークを聞いても笑わない　なぜなら全てのジョークを知っているから
フィリピン	かなりはっきりと自己主張する
	おおらかで明るく優しい
	血縁的つながりが強く、親兄弟親戚を大切にする
	ほとんどの人が信仰を持っている
	自殺者が少ない
	生活がのんびりゆったりで、時間をあまり気にしない
	歌とダンスが好きで、陽気で情熱的（嫉妬深い？）
	90％以上がカトリック
	無責任（日本人から見ると）
	学校でいじめはあるが自殺はない（精神的にも肉体的にも強い）
	治安も悪いが警察そのものも怖い（逆らうと射殺されることもある）
	高等教育を受けられる人は限られているが、教育そのものは非常に重視している（学歴があると仕事が得られるので）

インドネシア　信仰心が強い
　　　　　　　のんびりしている（時間）
　　　　　　　相互扶助の精神がある（富める者は貧しい者に分け与える）
　　　　　　　伝統文化が受け継がれている
　　　　　　　階級意識がある

<本文>
1. 本文にでてくる『イソップ物語』の寓話を探し出してコピーをお願いします。

2. 前記した『イソップ物語』の内容に匹敵する日本の寓話を探して資料として提出して下さい。

<練習B>
練習Bの本文を「読み方のくふう」（P17 ③）にあるように文の構造を自分なりに展開してみてください。（全員）

① 作者の論旨がよくわからない。ホンネとタテマエがどう後半の主題である"会議のときの議論の対立と根回し"につながるのかわからない。意見Aと、反Aがホンネとタテマエの対立とどうつながるのかわからない。欧米流の会議の運営のしかたがタテマエで、根回しによる運営がホンネということか？でも、会議の運営のしかたのみの話でもなさそうだが。

② 日本社会の分析

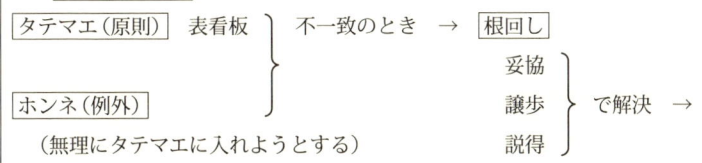

| タテマエ（原則） | 表看板 | 不一致のとき → | 根回し |

　　　　　　　　　　　　　　　　妥協
| ホンネ（例外） |　　　　　　　　　譲歩 | で解決 →
（無理にタテマエに入れようとする）　説得

→ | 賛否の合意 | ができてから → | 会議・討論 | は（一種の儀式）である

参考資料4 | 169

③

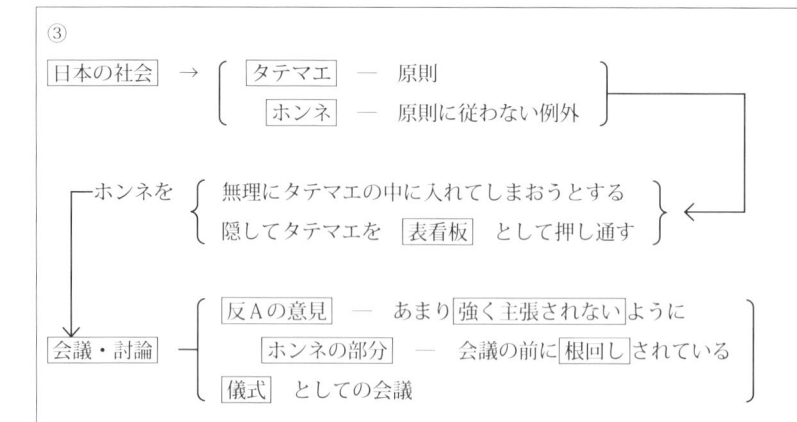

日本の社会 → タテマエ ― 原則
　　　　　　ホンネ ― 原則に従わない例外

―ホンネを　無理にタテマエの中に入れてしまおうとする
　　　　　　隠してタテマエを 表看板 として押し通す

会議・討論　反Aの意見 ― あまり 強く主張されない ように
　　　　　　ホンネの部分 ― 会議の前に 根回し されている
　　　　　　儀式 としての会議

＜書いてみよう＞

「書いてみよう」に文章の型に沿った作文練習があります。
実際に１つの<u>テーマ</u>を決め<u>キーワード</u>を書き出し、教師用マニュアルP27の<u>文章例</u>に沿って展開してみてください。（全員）

　テーマ：家族
キーワード：幸せ　三世代同居　利点　裏を返す　嫁姑問題　介護　自由　束縛　犠牲
　　　　　　互いに自立　私の理想

① 日本では「幸せな生活」を絵にする時、祖父母と孫が遊び夫は車を洗い妻が台所に立つという三世代同居の様子がよく描かれる。

② 確かに同居の利点は多い。嫁は生活全般において経験豊富な姑のサポートが受けられ、子は異世代の価値観にふれることができる。しかし、これらは裏を返せば嫁は自分の意志を通すことができず、子は二つの価値観で戸惑うことになる。

③ さらに「一家に二人の主婦は要らない」「嫁姑問題は永遠のテーマ」と言われているように、洋の東西を問わず、両者の対立は列挙するまでもないことである。

④ やがて介護が必要になった時、舅姑は「嫁に看て貰えるから安心」と思うだろうが、これは嫁の立場からすれば自由を束縛されることに他ならない。介護が長期に及んだ場合は悲惨な結果となる。

⑤ 「人のために人が犠牲になっていいものだろうか」すぐ近くに迫った老後を考える時、常に思うことである。私は同居が幸せとは思わない。「家族」は互いに自立し、地域的に親交をふかめ、社会のサポートを受けながら生きていくのが私の理想である。

テーマ：伝える
キーワード：タイミング　言い方
① 人につたえるとき、タイミングはとても大切である。
② 例えば、謝るときすぐ謝ればよしとされているが、一概にそうとは言えない場合もある。
③ また、人に伝える時に、言い方（方法）も大切である。
④ 例えば励ましたいという時も「大丈夫」「バカヤロウ、何やってんだ！」など人によって、場合によってさまざまである。
⑤ 気持ちを態度や言葉で伝えるのは、簡単なようで意外と難しいのかもしれない。伝える方も、受ける方も……。

テーマ：たばこの害
キーワード：喫煙者　間接喫煙者　愛煙家　ポイ捨て　共存　分煙
① たばこは喫煙者本人ばかりでなく、周囲の間接喫煙者の健康にも多大な影響を与えるというのは周知の事実である。
② そのため最近では、一部ファミリーレストラン等で「喫煙コーナー」が設けられるといった「分煙」の動きが見られるが、まだ少数派であり、嫌煙家にとっての環境は整えられていない。
③ さらに、たばこが引き起こす問題は「ポイ捨て」が多いことである。
④ 愛煙家の中で携帯用灰皿を持参している人は、ほとんど見受けられず、所かまわず吸殻が投げ捨てられている。中には、火のついたままのものもあり、美観のみならず、安全面でも問題は大きい。
⑤ たばこを吸うかどうかは個人の嗜好の問題であるが、非喫煙者を煙害から守り、クリーンな社会を保つためには、徹底した「分煙」と「ポイ捨て」に厳しい罰則を適用すると言うような処置で、喫煙者のマナーの向上を図ることが両者共存の唯一の道ではないだろうか。

テーマ：トイレ
キーワード：トイレットペーパー　アフリカのある地域　川　用を足す
　　　　　　世界の三分の一　文化　民族
① 私たちはトイレに入った時、トイレットペーパーを使う。
② このことに違和感を持つことはないし、外国を旅行してもトイレで紙を使うことで何か問題があった人はいないだろう。

③ しかし、さらに目を世界の隅々まで向けると、例えばアフリカのある地域では、川にロープを張って用を足すなど紙を使用しない文化があることも忘れてはならない。

④ 紙を使う人たちは、実に世界の三分の一に過ぎず、このことは紙で後始末をするのを汚いと感じている人たちが世界にはたくさんいることを物語っている。最も近頃では日本国内のシャワートイレの利用率には目を見張るものがあるが、これは健康上の理由からと言えそうである。

⑤ いずれにせよ、トイレは文化である。その国・民族に特有の考え方、使い方があって面白い。

…後略…

日本語ティールーム教師ボランティア編（2002）
『シリーズ　テキスト勉強会　日本語中級 J501　まとめ編』より

◆参考文献

朝日新聞デジタル「小中高の教科書、デジタル化検討へ　16年度中に結論」
　http://www.asahi.com/articles/ASH4N5JTHH4NUTIL03H.html（2015年5月4日閲覧）

岩見宮子（2014）「多文化共生に貢献する対話の有効性：『生活者としての外国人』のための日本語教室の実践を分析する」慶應義塾大学政策・メディア研究科提出修士論文

岡崎敏雄（1989）『日本語教育の教材　分析・使用・作成』アルク

尾崎明人・椿由紀子・中井陽子（2010）『日本語教育叢書「つくる」　会話教材を作る』スリーエーネットワーク

各務虎雄（1943）『日本語教科書論』育英書院

川瀬生郎（2007）「日本語教材開発・教科書作成に関する課題」『日本語教育』135号　pp.23-28　日本語教育学会

河原崎幹夫・吉川武時・吉岡英幸共編著（1992）『日本語教材概説』北星堂書店

久津間幸子・関正昭（2007）「松本亀次郎編集代表『日本語教科書』編纂のプロセス」『東海大学紀要　留学生教育センター』第27号　pp.21-29

国際交流基金「JF日本語教育スタンダード」https://jfstandard.jp/top/ja/render.do（2015年5月7日閲覧）

国際交流基金（1976）『教科書解題　教師用日本語教育ハンドブック　別巻1』国際交流基金

国際交流基金（2008）『国際交流基金日本語教授法シリーズ14　教材開発』ひつじ書房

国際交流基金編（1983）『日本語教科書ガイド』北星堂書店

小柳かおる（2004）『日本語教師のための新しい言語習得概論』スリーエーネットワーク

斎藤修一（1986）「教科書論」『日本語教育』59号　pp.1-12　日本語教育学会

嶋田和成（2008）「大学英語教材の開発プロセス―教材編集の視点から見た問題点と今後の課題―」『帝京大学文学部教育学科紀要』第33号　pp.27-35

ジョアン・ロドリゲス著，池上岑夫訳（1993）『日本語小文典　（上）（下）』岩波書店

新内康子（1995）「日本語教科書の系譜（補遺）」『鹿児島女子大学研究紀要』第17巻　第1号　pp.1-18

鈴木克明（2002）『教材設計マニュアル　独学を支援するために』北大路書房

鈴木忍（1981）『日本語教育の現場から』国際学友会

関正昭（1997）『日本語教育史研究序説』スリーエーネットワーク

関正昭（2000）「大出正篤 vs 日野成美の教授法論争から見えてくるもの」木村宗男先生米寿記念論集刊行委員会『日本語教育史論考―木村宗男先生米寿記念論集―』pp.149-159　凡人社

関正昭（2002）「日本語教育史に学ぶ」椎名和男教授古希記念論文集刊行委員会『国際文化交流と日本語教育―きのう・きょう・あす―』pp.62-73　凡人社

関正昭（2008）「『日本語教育のための文法』再考―『日本語教育文法』はいつから言われはじめたか―」『東海大学紀要　留学生教育センター』第28号　pp.1-15

高宇ドルビーン洋子（2007）「工学修士課程のための日本語―スウェーデン王立工科大学の国際プログラムにおける日本語のあり方―」『専門日本語教育研究』第9号　pp.13-16　専門日本語教育

学会　http://stje.kir.jp/download/09_13.pdf（2015 年 5 月 7 日閲覧）

髙木裕子・丸山敬介（2007）「日本語教育におけるバリエーション教材と教育」『日本語教育』134 号　pp.68-79　日本語教育学会

千野栄一（1986）『外国語上達法』岩波書店

張威（2007）「理工系向け日本語教材改革の構想と実践―『現代実用日本語』シリーズ教材の作成例を中心に―」『専門日本語教育研究』第 9 号　pp.17-22　専門日本語教育学会　http://stje.kir.jp/download/09_17.pdf（2015 年 5 月 7 日閲覧）

津田塾大学言語文化研究所言語学習の個別性研究グループ編、林さと子ほか著（2006）『第二言語学習と個別性―ことばを学ぶ一人ひとりを理解する―』春風社

鶴尾能子（2005）「教科書の選択・運用・作成に関する諸要素」松岡弘・五味政信編著『開かれた日本語教育の扉』pp.51-64　スリーエーネットワーク

鶴尾能子・関正昭・石渡博明（1977）「アジアの技術研修生と日本語」『日本語教育』32 号　pp.67-78　日本語教育学会

DiTT デジタル教科書教材協議会　http://ditt.jp/（2015 年 5 月 7 日閲覧）

東海大学留学生教育センター編、田辺清一著（1988）『留学生の化学』東海大学出版会

東海大学留学生教育センター編、中村誠太郎監修、小西久也著（1989）『留学生の物理学』東海大学出版会

東海大学留学生教育センター編、渡辺宏監修、大屋文正著（1991）『留学生の数学Ⅰ』東海大学出版会

東海大学留学生教育センター編、渡辺宏監修、大屋文正著（1993）『留学生の数学Ⅱ』東海大学出版会

東海大学留学生教育センター編、谷晋・伴野英雄・小田隆治著（2003）『日本の大学をめざす人の生物学』東海大学出版会

東海大学留学生教育センター編、南里憲三・小西久也著（2004）『日本の大学をめざす人の物理学』東海大学出版会

日本語教育学会編（2005）『新版日本語教育事典』大修館書店

ピッツィコーニ，バルバラ（1997）『待遇表現から見た日本語教科書―初級教科書五種の分析と批判―』くろしお出版

平高史也（2006）「言語政策としての日本語教育スタンダード」『日本語学』11 月号　pp.6-17　明治書院

平高史也・舘岡洋子（2012）『日本語教育叢書「つくる」　読解教材を作る』スリーエーネットワーク

藤森三男・野澤素子（1992）『日本語で学ぶ日本経済入門』創拓社出版

松岡弘（2002）「コメニウスの言語教授法と言語教科書―日本語教育はそこから何を学ぶことができるか―」『一橋大学留学生センター紀要』第 5 号　pp.93-106

松下佳代（2011）「〈新しい能力〉による教育の変容― DeSeCo キー・コンピテンシーと PISA リテラシーの検討」『日本労働研究雑誌』第 614 号　pp.39-49　労働政策研究・研修機構　http://www.jil.go.jp/institute/zassi/backnumber/2011/09/pdf/039-049.pdf（2015年5月7日閲覧）

丸山敬介（1989）「教科書分析の視点」『別冊日本語　日本語教師読本シリーズ 9　外国人に日本語

を教えるためのカタログ』pp.90-92　アルク

三宅なほみ（2015）「21世紀型スキルと外国語教育」シンポジウム「外国語教育における高大連携を考える」Part 2　（配布資料）　慶應義塾大学「外国語教育による高大連携」研究グループ　2015年3月1日　慶應義塾大学日吉キャンパス

諸星美智直（2006）「日本語教育史における宏文学院と国学院大学」『國學院雑誌』第107巻　第11号　pp.219-233

文部科学省（2007）「学校教育におけるJSLカリキュラム（中学校編）」
http://www.mext.go.jp/a_menu/shotou/clarinet/003/001/011.htm（2015年5月7日閲覧）

文部科学省（2014a）「育成すべき資質・能力を踏まえた教育目標・内容と評価の在り方に関する検討会──論点整理（案）─【反映版】」「育成すべき資質・能力を踏まえた教育目標・内容と評価の在り方に関する検討会」（第13回配布資料）http://www.mext.go.jp/b_menu/shingi/chousa/shotou/095/shiryo/__icsFiles/afieldfile/2014/04/10/1345476_02.pdf（2015年5月7日閲覧）

文部科学省（2014b）『学びのイノベーション事業実証研究報告書』
http://www.mext.go.jp/b_menu/shingi/chousa/shougai/030/toushin/1346504.htm（2015年5月7日閲覧）

山崎信寿・富田豊・平林義彰・羽田野洋子（1992）『理工学を学ぶ人のための科学技術日本語案内』創拓社出版

吉岡英幸編著（2008）『徹底ガイド日本語教材』凡人社

渡部良典・池田真・和泉伸一（2011）『CLIL（内容言語統合型学習）上智大学外国語教育の新たなる挑戦　第1巻　原理と方法』上智大学出版

Baldegger, M., Müller, M. & Schneider, G. (1980) *Kontaktschwelle Deutsch als Fremdsprache*. Europarat, Berlin: Langenscheidt.

Byram, M. (2001) Landeskunde in der europäischen Auslandsgermanistik. In: Helbig, G., Götze, L., Henrici, G. & Krumm, H.-J. (Hrsg.) *Deutsch als Fremdsprache. Ein internationales Handbuch*, 2. Halbband, pp.1313-1323. Berlin, New York: Walter de Gruyter.

Council of Europe (2001) *Common European Framework of Reference for Languages: Learning, teaching, assessment*. Cambridge: Cambridge University Press.（吉島茂・大橋理枝訳・編（2004）『外国語教育Ⅱ　外国語の学習、教授、評価のためのヨーロッパ共通参照枠』朝日出版社）

Ellis, R. (2011) Macro- and micro-evaluations of task-based teaching. In: Tomlinson, B. (ed.) *Materials Development in Language Teaching*, Second Edition. pp.212-235, Cambridge: Cambridge University Press.

Glaboniat, M., Müller, M., Rusch, P., Schmitz, H. & Wertenschlag, L. (2005) *Profile Deutsch*. Berlin: Langenscheidt.

Halliday, M. A. K., McIntosh, A. & Strevens, P. (1964) *The Linguistic Sciences and Language Teaching*. London: Longmans.（ハリデー，M. A. K.、マッキントッシュ，A.、ストレブンズ，P. 著、増山節夫訳注（1977）『言語理論と言語教育』大修館書店）

Jolly, D. & Bolitho, R. (2011) A framework for materials writing. In: Tomlinson, B. (ed.) *Materials Development in Language Teaching*, Second Edition. pp.107-134, Cambridge: Cambridge University Press.

Komission für Lehrwerke DaF (1977) *Mannheimer Gutachten zu ausgewählten Lehrwerken Deutsch als Fremdsprache*. Heidelberg: Julius Groos Verlag.

Lightbown, P. M. & Spada, N. (2013) *How Languages are Learned*, Fourth Edition. Oxford: Oxford University Press.（ライトバウン，パッツィ・M.、スパダ・ニーナ著、白井恭弘・岡田雅子訳（2014）『言語はどのように学ばれるか―外国語学習・教育に生かす第二言語習得論』岩波書店）

Maley, A. (2011) Squaring the circle ―reconciling materials as constraint with materials as empowerment. In: Tomlinson, B. (ed.) *Materials Development in Language Teaching*, Second Edition. pp.379-402, Cambridge: Cambridge University Press.

Rychen, Dominique S. & Salganik, Laura H. (eds.) (2003) *Key Competencies for a Successful Life and a Well-Functioning Society*. Cambridge, MA: Hogrefe & Huber.（ライチェン，ドミニク S.、サルガニク，ローラ H. 編著、立田慶裕監訳（2006）『キーコンピテンシー　国際標準の学力をめざして』明石書店）

Strevens, P. (1977) *New Orientations in the Teaching of English*. Oxford: Oxford University Press.（ストレヴァンス，ピーター著、後藤正次訳（1997）『英語教育の新潮流』東京書籍）

Sweet, Henry (1899) *The Practical Study of Languages, a Guide for Teachers and Learners*. London: Dent.（スウィート，ヘンリー著、小川芳男訳（1969）『言語の実際的研究』英潮社）

Tomlinson, B. (2011) Introduction: principles and procedures of materials development. In: Tomlinson, B. (ed.) *Materials Development in Language Teaching*, Second Edition. pp.1-31, Cambridge: Cambridge University Press.

Tomlinson, B. (2012) Materials development for language learning and teaching, State-of-the-Art Article. In: *Language Teaching*, 45. 2, pp.143-179, Cambridge: Cambridge University Press.

van Ek, J. A. [for the] Council of Europe; with contributions by L. G. Alexander (1977) *The Threshold Level for Modern Language Learning in Schools*. London: Longman.

◆参考教材

板坂元著、関正昭編（2003）『新訂版　日本を知る ―その暮らし365日―』スリーエーネットワーク

大出正篤（1937）『効果的速成式標準日本語読本　巻2』満州図書文具株式会社

海外技術者研修協会（1974）『日本語の基礎（漢字かなまじり版）』海外技術者研修調査会

海外技術者研修協会（1997）『SHIN NIHONGO NO KISO Ⅰ（ベトナム語訳）』スリーエーネットワーク

海外技術者研修協会（2000）『新日本語の中級』スリーエーネットワーク

宏文学院編（1906）『日本語教科書　第一巻』金港堂書籍

宏文学院編（1927）『改訂日本語教科書』有隣書屋

国際学友会日本語学校（1957）『日本語読本 一』国際学友会

国際学友会日本語学校（1998）『進学する人のための日本語初級（第3版）』国際学友会

国際基督教大学語学科日本語研究室（1982）『Modern Japanese for University Students: Part 1（第12刷）』（初刷1963）ICU Bookstore, Inc.

国際交流基金日本語国際センター（2007）『日本語初歩（改訂版第22刷）』（初刷1985）凡人社

清水崇文（2013）『みがけ！コミュニケーションスキル 中上級学習者のためのブラッシュアップ日本語会話』スリーエーネットワーク

スリーエーネットワーク（2008）『みんなの日本語 中級Ⅰ』スリーエーネットワーク

スリーエーネットワーク（2012）『みんなの日本語 初級Ⅰ 第2版』スリーエーネットワーク

スリーエーネットワーク（2012）『みんなの日本語 中級Ⅱ』スリーエーネットワーク

筑波ランゲージグループ（1991）『SITUATIONAL FUNCTIONAL JAPANESE VOLUME ONE：DRILLS』凡人社

土岐哲・関正昭・平高史也・新内康子・鶴尾能子（1995）『日本語中級J301 ―基礎から中級へ―（英語版）』スリーエーネットワーク

土岐哲・関正昭・平高史也・新内康子・石沢弘子（1999）『日本語中級J501 ―中級から上級へ―（英語版）』スリーエーネットワーク

二通信子・佐藤不二子（2003）『改訂版 留学生のための論理的な文章の書き方』スリーエーネットワーク

日本フィリピンボランティア協会（2005）『介護の日本語』日本フィリピンボランティア協会

文化庁文化部国語課（1983）『中国からの帰国者のための生活日本語』文化庁

松田浩志・亀田美保・田口典子・阿部祐子・桑原直子（2006）『テーマ別 上級で学ぶ日本語 改訂版』研究社

松宮弥平（1942）『日本語会話　巻1』（第3版）日語文化学校

満州国警察協会（1937）『警察用語日語読本』満州国警察協会

宮城幸枝・三井昭子・牧野恵子・柴田正子・太田淑子（2003）『毎日の聞きとりPLUS40（上）』凡人社

森有正（1972）『日本語教科書』大修館書店

文部省（1992）『にほんごをまなぼう』ぎょうせい

米田隆介・藤井和子・重野美枝・池田広子（2006）『新装版 商談のための日本語』スリーエーネットワーク

Riessland, Andreas・藁谷郁美・木村護郎クリストフ・平高史也（2004）『Modelle 1』三修社

Riessland, Andreas・藁谷郁美・木村護郎クリストフ・平高史也・Raindl, Marco・太田達也（2007）『Modelle 1 neu』三修社

Alfonso, A.(1966) *Japanese Language Patterns Vol. 1*. Tokyo: Sophia University L. L. Center of Applied Linguistics.

Alfonso, A.(1966) *Japanese Language Patterns Vol. 2*. Tokyo: Sophia University L. L. Center of Applied Linguistics.

Chamberlain, B. H.(1889) *A Handbook of Colloquial Japanese*, Second Edition. Tokyo: Hakubunsha.（チェンバレン，B. H. 著、大久保恵子編・訳（1999）『チェンバレン『日本語口語入門』第2版 翻訳 付索引』 笠間叢書327 笠間書院）

Jorden, E. H.(1962) *Beginning Japanese Part 1*. New Haven, CT: Yale University Press.

Jorden, E. H.(1963) *Beginning Japanese Part 2*. New Haven, CT: Yale University Press.

◆索引

【あ】
アクティビティ　8, 16, 101, 102
新しい能力　111, 112
「あっ、これなに？」　64〜66, 68, 69, 138
アプローチ　11, 12, 47, 118

【い】
生きる力　111
異文化間コミュニケーション能力　119
異文化理解能力　119
イラスト　6, 9, 16, 17, 51, 69, 71, 102, 104, 112, 114, 126
インストラクショナル・デザイン　86, 96
インプット　6〜9, 17

【う】
ヴィエトー　118
受け入れ可能性　120

【お】
大出正篤　21, 23, 49
オーセンティックな　7
大槻文彦　29, 53
オーディオリンガル・メソッド　20, 92
おもしろさ　75〜77

【か】
海外技術者研修協会　22, 59, 76
改訂　14, 16, 18, 31, 83, 84, 88, 102, 105, 106, 110
『改訂日本語教科書』　25, 31
「書いてみよう」　63〜67, 107, 127, 140
学習環境　12, 17, 32, 33, 124
学習環境のデザイン　124
「学習項目一覧」　62, 67, 69, 70
学習者側の評価の方法とポイント　104
学習者中心主義　9, 111, 113
学習者の属性　34
「学習者のみなさんへ」　62, 67
学習スタイル　7
学習目標　99, 104
「学校教育における JSL カリキュラム」　115
嘉納治五郎　26, 52
カリキュラム　5, 78, 100, 101
関連諸科学　19, 24

【き】
キー・コンピテンシー　111
キーワード　61, 63, 139
企画書　14, 60, 71
気づき　7, 9, 111, 113, 120
機能シラバス　20, 44, 83
教育目標　103, 104
教科書ガイド　3
教科書開発　10, 16, 19, 32, 71, 78, 90, 93, 99, 101, 105, 111, 113, 115, 117, 118
教科書開発の評価　98, 99, 101, 103
教科書のコンセプト　60, 71
教科書の評価　98
教科書の役割　32, 117, 119
教科書不要論　33
教科書分析　3
教科書を選ぶときのチェックポイント　33, 51
教材開発　3〜5, 9〜18, 91, 93, 100, 102
教材研究　3
教材作成　16, 96
教師側の評価の方法とポイント　103
教授(学習)項目　12
教授法　11〜13, 17, 19, 24, 26, 47, 49, 54, 55, 74, 78, 84, 91, 94, 98, 99, 102, 114, 115
教師用マニュアル　51, 61, 66〜71, 121

索引 | 179

【く】
クラッシェン　6

【け】
言語観　11, 12
言語教育　11 〜 13, 52, 100, 105, 111, 114
言語教育観　11, 12
言語政策　19, 24
言語的要素　9, 16, 17
言語能力　44, 111, 126
言語の機能　17
言語別　38

【こ】
『口語法別記』　29, 53
交渉会話　87
構造シラバス　44
交流会話　87
国際学友会　20 〜 23, 53, 55
国際交流基金　20, 22, 96
「ことばのネットワーク」　64, 65, 67, 69, 107, 127, 140
個別学習　117
コミュニカティブ・アプローチ　20, 92, 119
コメニウス　53, 85

【さ】
産出　5, 8, 17, 91, 95, 104, 117

【し】
試行版　66, 68, 72, 78
指導目標　103
市民性　119
社会化　119 〜 121
社会文化能力　87, 119
ジャンル　61, 62, 64, 65

修正直接法　20, 21, 49
試用　3, 14 〜 18, 93, 100, 103, 105
上級　39, 40, 55, 59, 91, 115
初級　39, 40, 59, 61, 70, 80, 81, 87, 91, 94, 112, 117, 124, 126, 127, 140
シラバス　5, 12, 13, 17, 24, 44, 59, 77, 78, 91, 93, 94, 98, 103
シラバスデザイン　11, 17
自律性（オートノミー）　111
新方言　81

【す】
スウィート　75, 76
スキミング　64, 138
スキャニング　64, 138
スキルシラバス　44
鈴木忍　49
ストラテジー　10, 61, 62, 107, 140
ストラテジー的能力　7

【せ】
省察　111
設計　3, 14, 16 〜 18, 103
折衷主義　78
折衷法　49

【そ】
素材に関する評価の方法とポイント　104

【た】
第2言語習得　5, 6, 9, 10, 122
対訳　21, 25, 49, 50, 95
タスク　6 〜 8, 63, 64, 67, 87, 100 〜 102, 155
タスクシラバス　44
タブレット型端末　117, 118

【ち】

地域語　29, 81
チェックシート　86
チェンバレン　49
地誌　119
中間言語　7
中級　39, 40, 55, 59, 61, 70, 87, 88, 126, 140
直接法　20, 21, 49, 54, 94

【て】

テクスト　7, 8
デジタル教科書　115 〜 117, 122
デジタル教材　115
手続き的知識　7, 52
伝達能力　42, 44

【と】

ドイツ語　91, 92, 94, 98, 99, 112 〜 114, 119
読解スキル　62
トップダウン　83, 87 〜 89, 101, 122, 126
トピック　6, 65, 81, 88

【な】

内容シラバス　83
内容中心指導法　114

【に】

21 世紀型能力　111
『日本語会話』　21, 23, 49
『日本語教科書』　25 〜 27, 29, 31, 79
日本語教科書の系譜　19, 52
「日本語教材の選択の視点」　98
『日本語中級 J301 ―基礎から中級へ―』　58, 68, 86, 107, 126, 129

『日本語中級 J501 ―中級から上級へ―』　83, 107, 139, 152
日本語ティールーム教師ボランティア　109, 124
日本語能力試験　39, 54, 87, 121
『日本語の基礎』　20, 22, 76
日本事情シリーズ　82
『日本を知る ―その暮らし 365 日―』　83
認知処理　8

【ね】

ネイティブ・チェック　67
年齢　9, 12, 16, 17, 34, 79

【は】

パーマー　54, 55
パターン練習　92
「話し合ってみよう」　63 〜 67, 127
場面シラバス　44
バリエーション　81
反転授業　117, 118

【ひ】

ピア・ラーニング　111
ピーネマン　6
非母語話者　90, 91, 93 〜 95
非母語話者参画の重要性　93
評価　3, 5, 8, 11, 12, 14 〜 18, 85, 86, 98 〜 103, 105, 106, 124
標準日本語　79 〜 81

【ふ】

フィードバック　8, 12, 15, 17, 18, 69, 101, 105
複合シラバス　44
文化的背景　90 〜 93, 120
文化能力　42, 44

「文章の型」 59, 61〜65, 67, 68, 70, 71, 127, 139, 140
文章の種類 62
文法シラバス 76, 83, 91, 92
「文法ノート」 63〜65, 67, 69, 107, 127, 140
文法訳読法 49, 92

【へ】
編集執筆チームの編成 60, 71

【ほ】
方言を扱った日本語教科書 95
母語話者 7, 90, 91, 93
ボトムアップ 87, 88, 101, 122

【ま】
マクロの評価 100, 101
松下大三郎 23, 26, 27
松宮弥平 21, 23, 49, 55
松本亀次郎 21, 23, 25, 26, 30, 79
「学びのイノベーション事業」 115
学びを学ぶ 111
マネージメント・サイクル 85
満州 v, 21, 23, 35, 49, 54
マンハイムの評価書 99

【み】
ミクロの評価 100, 101
三矢重松 26, 27, 52
みんなの「Can-do」サイト 96

【め】
メソッド 47
メタ言語 9, 95

【も】
目標言語 7, 121

モジュール型教材 32, 33, 84
モニター 68〜70, 72, 76, 78, 79
モニタリング 24, 66, 78, 79
問題解決 15, 61, 65, 88, 89, 107, 113
問題発見 61, 65, 88, 107, 121
「問題発見コーナー」 112, 113

【や】
山口喜一郎 21, 23, 49, 54, 55

【よ】
ヨーロッパ共通参照枠 52, 94
ヨーロッパ評議会 94, 105
余白の効果 55, 84
「読むまえに」 63〜65, 67, 68, 107, 121, 126, 139, 152, 153, 155, 157
4技能 16, 17, 42, 44, 87

【り】
リテラシー 111
理念 11〜13, 16, 19, 24, 32, 47, 58, 66, 74, 78, 84, 92, 106, 108, 138
流行語 81
臨界期 9

【る】
ルビ 51, 66

【れ】
レコーディング 70, 71
レベル分け 39

【ろ】
老人語 81
ロドリゲス 49, 53

【わ】
若者言葉　81
話題シラバス　44, 83

【C】
Can-do リスト　94
CBI　114
CEFR　52, 94, 96, 105
CLIL　111, 114, 115

【I】
ICT　115, 117

【J】
JF 日本語教育スタンダード　20, 96
JSP　20, 115

【M】
『Modelle 1』　91
Modelle シリーズ　94, 96, 112, 114

【O】
OECD-DeSeCo　111

【P】
PDCA サイクル　85, 86
PDS サイクル　85
PPP アプローチ　118

【T】
TBLT　100
Threshold level　94, 96

編著者

関　正昭（せき　まさあき）
元東海大学教授。東京都立大学人文学部卒業。海外技術者研修協会日本語専任講師、愛知教育大学教育学部助教授、鹿児島女子大学文学部教授、東海大学国際教育センター教授等を務める。著書に『日本語教育史研究序説』（スリーエーネットワーク）、共著に『日本語教育法概論』（東海大学出版会）、共編著に『日本語中級J301』『日本語中級J501』『みんなの日本語中級I』『日本語・日本語教育の研究—その今、その歴史』（いずれも、スリーエーネットワーク）など。

平高　史也（ひらたか　ふみや）
慶應義塾大学総合政策学部教授。東京外国語大学大学院外国語学研究科ゲルマン系言語専攻修了。ベルリン自由大学文学博士。共編著に『日本語教育史』（アルク）、『多言語社会と外国人の学習支援』『外国語教育のリ・デザイン』（共に、慶應義塾大学出版会）、『日本語中級J301』『日本語・日本語教育の研究—その今、その歴史』（共に、スリーエーネットワーク）など。

装幀・本文デザイン
畑中　猛

日本語教育叢書「つくる」
教科書を作る

2015年10月10日　初版第1刷発行

編著者　　関正昭　平高史也
発行者　　藤嵜政子
発　行　　株式会社　スリーエーネットワーク
　　　　　〒102-0083　東京都千代田区麹町3丁目4番
　　　　　　　　　　トラスティ麹町ビル2F
　　　　　電話　営業　03 (5275) 2722
　　　　　　　　編集　03 (5275) 2725
　　　　　　　　http://www.3anet.co.jp/
印　刷　　倉敷印刷株式会社

ISBN978-4-88319-723-1 C0081

落丁・乱丁本はお取替えいたします。
本書の全部または一部を無断で複写複製（コピー）することは著作権法上での例外を除き、禁じられています。

スリーエーネットワーク の日本語教育関連図書

教育経験豊富な執筆陣により、日本語教科書・教材作りのプロセスとノウハウがまとめられた**日本語教育叢書「つくる」シリーズ**

会話教材を作る
関正昭・土岐哲・平高史也 ● 編
尾崎明人・椿由紀子・中井陽子 ● 著
本体 1,800 円＋税　[ISBN978-4-88319-528-2]

読解教材を作る
関正昭 ● 編
平高史也 ● 編著　舘岡洋子 ● 著
本体 2,000 円＋税　[ISBN978-4-88319-596-1]

作文教材を作る
関正昭・土岐哲・平高史也 ● 編
村上治美 ● 著
本体 1,800 円＋税　[ISBN978-4-88319-613-5]

テストを作る
関正昭・平高史也 ● 編
村上京子・加納千恵子・衣川隆生・小林典子・酒井たか子 ● 著
本体 1,800 円＋税　[ISBN978-4-88319-643-2]

教科書を作る
関正昭・平高史也 ● 編著
本体 1,800 円＋税　[ISBN978-4-88319-723-1]

漢字教材を作る
関正昭・土岐哲・平高史也 ● 編
加納千恵子・大神智春・清水百合・郭俊海・石井奈保美・谷部弘子・石井恵理子 ● 著
本体 1,800 円＋税
[ISBN978-4-88319-563-3]

聴解教材を作る
関正昭・平高史也 ● 編
宮城幸枝 ● 著
本体 2,000 円＋税
[ISBN978-4-88319-682-1]

ウェブサイトで新刊や日本語セミナーをご案内しています

http://www.3anet.co.jp/